AF191177

Westphalen'sche Beiträge

Band 3

Herausgegeben von

Gerlinde Gräfin von Westphalen

und

Raban Graf von Westphalen

Gerlinde Gräfin von Westphalen

Raban Graf von Westphalen (Hg.)

Wilhelm von Westphalen:

In diesem Käfig sitzen wir nun zu fünft.

**Briefe aus dem Wehrmachtgefängnis
Fort Zinna / Torgau 1944
an die Verlobte Aloysia von Spiegel**

Bibliographische Information der Deutschen
Nationalbibliothek: Die Deutsche Nationalbibliothek
verzeichnet diese Publikation in der Deutschen
Nationalbibliographie; detaillierte bibliographische Daten
sind im Internet über dnb.dnb.de abrufbar.

Zweite, überarbeitete Auflage 2023
© Graf Gräfin Westphalen
Warburger Str. 29a · 33098 Paderborn
von-westphalen@t-online.de

Herstellung und Verlag:
BoD – Books on Demand, Norderstedt
ISBN 978-3-757-80642-2
Ebook ISBN 978-3-757-80642-2

Inhalt

Wilhelm von Westphalen, ca. 1941/42

© *Graf Gräfin Westphalen Paderborn*

Einleitung: *Entführt von der Résistance*

Wilhelm Graf von Westphalen – geboren 1907 in Lüdinghausen, gestorben 1982 in Helmern/Westfalen – war im 2. Weltkrieg [1] in der Zeit von Mai 1941 bis Juli 1944 zum Militärbefehlshaber von Belgien und Nordfrankreich als landwirtschaftlicher Berater abkommandiert. Sein Dienstort war die Kreiskommandantur 715, Douai Departement Nord, ca. 40 Kilometer von Lille entfernt.

Der Militärbefehlshaber wurde eingesetzt vom Oberbefehlshaber des Heeres in Frankreich und war bis 1944 General Alexander von Falkenhausen (1878-1966). Er bekleidete das Amt des Chefs der Militärverwaltung in Belgien und Nordfrankreich. Seine Dienststelle war Brüssel. Aufgabe dieser Verwaltung, die eine zivile Verwaltungsbehörde unter der Leitung der Wehrmacht darstellte, war es u.a., zu einer Besatzungsform beizutragen, die mit einem möglichst geringen personellen und sachlichen Aufwand den besetzten Teil Frankreichs zu verwalten hatte. Weiter sollte sie die landwirtschaftliche und industrielle Pro-

---

1   Erkennungsmarke 1524-3/Kf.Ers.Abt. 6, 3.te Kompanie

duktion sowie Versorgung durch die Konzentration der vollziehenden Gewalt unterstützen, die Wirtschaft funktionsfähig halten sowie die französische Verwaltung arbeitsfähig.

Bei einem Besuch der Dienststelle Dijon (Burgund) wurde Wilhelm v. Westphalen am 6.7. 1944 von einer der zur Résistance gehörenden Widerstandsgruppe entführt. Da die Résistance erfahrungsgemäß keine Gefangenen machte, brach die Gestapo den Schreibtisch Wilhelm Westphalens auf und fand darin einen Brief an den Dienstvorgesetzten, der den Satz enthielt: „Unser Weg ist falsch, aber wir gehen ihn unbeirrt weiter, mein Führer." Und weiter: „Beim Fortschreiten der Invasion ist sich der südlichen Dienststelle zu erinnern, von der Abreisen in die Schweiz vorbereitet werden sollen". [2] Überdies fand man in v. Westphalens Schreibtisch Goldmünzen, was strengstens untersagt war.

---

2   Zitiert nach einer „Stellungnahme" des Dienstvorgesetzten von Wilhelm v. Westphalen, Major Hans-Ulrich Schaefer an den Richter im 3. Senat des Reichskriegsgerichts Torgau, Dr. Adolf Block (1893-1990) vom Oktober 1944. Abgedruckt in: Wisa Gräfin von Westphalen: Ein Leben für die Malerei. Briefe aus der Kriegszeit. Bodunger Beiträge H. 10. Großbodungen 2004, S. 78.

Das Militärstrafgesetzbuch wurde mit Datum vom 10.10.1940 neugefasst und die Kriegsstrafverfahrensordnung auf dieser Grundlage 1940 neu verabschiedet. Dadurch erhielt das Reichskriegsgericht seine Revisionszuständigkeit für Landes- und Hochverrat. Mit diesen Voraussetzungen hatte ein Militärgericht in Dijon Wilhelm v. Westphalen in Abwesenheit wegen Landesverrats zum Tod durch Erschießen verurteilt. Wenige Stunden vor dem Hinrichtungstermin (14.08.1944) konnte seine Dienststelle die Wiederaufnahme des Verfahrens durch das Reichskriegsgericht in Torgau erreichen, da unklar war, welche Gerichtsbarkeit – Militär- oder Zivilgerichtsbarkeit – für Mitarbeiter der Zivilverwaltung zuständig war. Das traf auf v. Westphalen zu. Die Unterlagen zu diesem Verfahrensteil sind vermutlich auf dem Weg zum Reichskriegsgericht Torgau in Köln durch Kriegseinwirkung vernichtet worden.

Seit Mitte 1943 war das höchste deutsche Militärgericht, das Reichskriegsgericht (RKG), von Berlin-Charlottenburg nach Torgau in die dortige Ziethenkaserne verlegt worden.

Mit der Überstellung des Reichskriegsgerichts nach

Torgau an den Ort zweier Kriegsgefängnisse - „Fort Zinna" und „Brückenkopf" - wurde Torgau zur Zentrale der Wehrmachtjustiz in Europa. Hier wurden während des 2. Weltkrieges ca. 60.000 Menschen inhaftiert. Eine besondere Bedeutung hatte das Gefängnis Fort Zinna bekommen, als das Oberkommando der Wehrmacht im Frühjahr 1941 Torgau als Überprüfungsstelle für Verurteilte bestimmte, die zum „Bewährungseinsatz", z.B. an der Front, ausgewählt wurden. [3] Es war, wie die nachfolgenden Briefe von Wilhelm v. Westphalen belegen, seine tägliche Sorge, in eine derartige Bewährungskompanie abkommandiert zu werden.

Während des 2. Weltkrieges hat das Reichskriegsgericht als höchste Instanz der Wehrmachtjustiz in Torgau ca. 1.400 Todesurteile verhängt, von denen ca. 1.200 in Torgau selbst und an verschiedenen Orten vollstreckt wurden. Die deutsche Militärjustiz hat insgesamt ca. 50.000 Todesurteile ausgesprochen, davon

---

3   Vgl. Fritz Wüllner: „Torgau – Zentrale des Wehrmacht-strafsystems". In: Norbert Haase u.a. (Hg.), Das Torgau-Tabu. Leipzig 1992, S. 30ff.; siehe auch Michael Eberlein u.a.: Torgau im Hinterland des Zweiten Weltkrieges. Militärjustiz, Wehrmachtgefängnisse, Reichskriegsgericht. Leipzig 1999.

ca. 30.000 gegen Wehrmachtsangehörige. [4]

Nach seiner Rückkehr aus der Hand der Résistance zu seiner Dienststelle hat Wilhelm v. Westphalen über die Verhaftung durch die Gestapo, die Überstellung in das Wehrmachtgefängnis Fresnes bei Paris und den Transport in das Wehrmachtgefängnis Fort Zinna / Torgau nachfolgenden Bericht verfasst.

Die Herausgeber haben die für 2024 geplante Neueröffnung des Erinnerungsorts Torgau zum Anlass für vorliegende Publikation genommen. Die Zitation in den nachfolgenden Briefen wurde beibehalten und nicht der aktuellen Rechtschreibung angepasst.

Die Herausgeber

---

4   Achim Kilian: „Kriegsgefangenenzentrale Torgau". In: Norbert Haase u.a. (Hg.): A.a.O., S. 79ff. (S. 85).

Wilhelm Graf von Westphalen, ca. 1944

© Graf Gräfin Westphalen, Paderborn

Aufzeichnungen von Wilhelm v. Westphalen
Rückkehr, Verhaftung und
Transport nach Torgau

"Am 13.7.1944 um 7.00 Uhr kam ich wieder in Montceau-les-Mines [5] (M) an. Ich frühstückte erst mal ausgiebig und ließ mich von K., der inzwischen aufgestanden war, beglückwünschen, rief dann Herrn R. an, der auch sofort kam, und dem vor Freude die Tränen in den Augen standen. Ich erzählte aber allen, ich sei von den Terroristen ausgetauscht worden, weil in M. soviele von den Leuten rumliefen. Nach dem Essen, bei dem ich Wein und Champus stiftete, tranken wir Mokka, und dann fing ich an, meine Erlebnisse niederzuschreiben. Ich war noch mittendrin, als ein Marineleutnant mit 6 schwerbewaffneten Soldaten erschien und behauptete, der neue Standortkommandant, ein Korvettenkapitän, wolle mich kennenlernen, und er wäre beauftragt, mich zu ihm zu führen, damit mir unterwegs nichts passiere. Ich ging auch arglos mit. Als wir im Hof ankamen, erklärte mich dieser Feigling für

---

5   Ca. 30 Kilometer südlich von Autun (Burgund); zeitweilige Dienststelle v. Westphalens.

verhaftet, durchsuchte mich nach Waffen und nahm mir meinen Leibriemen ab, den ich nicht wiederbekam. Dann wurde ich in einen niederen, ganz feuchten Keller ohne Fenster gesperrt. Ich habe natürlich protestiert, aber er behauptete, es sei nur aus Sicherheitsgründen. Die erbetene Benachrichtigung meiner Dienststelle wurde mir untersagt. In dem Keller stand eine Art Bett mit Strohsack - ich ließ mir meine Bettdecken holen und schlief die erste Nacht ganz gut, da ich müde war.

Am nächsten Morgen um 11 Uhr durfte ich unter Bewachung zur Toilette gehen; Essen brachte man mir aus meinem Quartier. An diesem 14.7. hatten die Franzosen überall, besonders auf den Fördertürmen geflaggt und arbeiteten nicht. Der alte Kapitän war ganz aus dem Häuschen und telefonierte dauernd mit Dijon, was er machen solle. Am Samstagabend, am 15., kamen 2 Pkw mit Feldgendarmerie aus Autun, um mich nach dort zu überführen. Die MP's hatten sie immer feuerbereit auf dem Schoß liegen, und mir wurde angedroht, daß beim kleinsten Fluchtversuch geschossen würde. Das französische Gefängnis in Autun war ein großer, runder Turm aus dem Mittelalter. Ich wurde sehr genau untersucht, und man nahm mir alles ab. Als Ersatz des konfiszierten Ledergürtels war die Hose mit Sicherheitsnadeln gehalten, die wurden nun gegen einen Papierbindfaden getauscht. Als einziger Deutscher sollte ich die sauberste Zelle bekommen. Ich konnte ja keine Vergleiche ziehen, fragte mich nur, wie mögen die anderen Zellen aussehen? Der alte Turm hatte Eiskellertemperatur. An den Wänden, den Türen und im Fußboden hatten sich ungezählte Vorgänger verewigt, teilweise ganz witzig.

Aus dem Zellenfenster konnte ich einen schon alten Kirchturm sehen. Aber es war gräßlich einsam. Man hatte mir mein französisches Lexikon gelassen, und ich hab' versucht zu lernen, aber die Gedanken waren immer woanders. Schließlich fand ich in einem Loch im - Fußboden einen französischen Roman, der sich "Chautperdrex" nannte und von jemand geschrieben war, der viele Worte gebrauchte, die im Lexikon als 'vulgär' bezeichnet wurden.

Gegessen habe ich nur Brot - Hunger hatte ich nicht. Nachts kam immer eine Maus, die sich an dem Brot ergötzte. Morgens durfte ich mich im Hof an einer Pumpe waschen und abends 20 Minuten dort spazieren gehen. Am Mittwoch, den 19., wurde ich morgens sehr früh geweckt, um nach Dijon transportiert zu werden. Ich kam in einen kleinen Lkw mit vier Gendarmen. Wegen der Partisanen fuhr ein Geleitzug von vier Autos mit, die aber immer abwechselnd kaputt gingen. Nach vier Stunden erreichten wir in Dijon ein sehr großes, altes Gefängnis mit deutscher und französischer Abteilung. Die Aufseher waren wenig vertrauenserweckend. Da ich in 'civil' war, sah jeder in mir einen Deserteur und behandelte mich dementsprechend schlecht. Man nahm mir das letzte - auch die Rauchwaren. Nachts mußte ich unbekleidet schlafen, und der Chef dieser Firma, ein Oberleutnant, ließ mir auch die Schuhe nehmen, so daß ich barfuß laufen mußte.

Außerdem regte er sich über einen Trauerflor auf, den ich für meinen Bruder trug, er ließ ihn abreißen. [6]

Selbstverständlich kam ich in Einzelhaft in eine 'saubere' Zelle, die leider voller Läuse, Wanzen und

6   Am 28.05.1944 war WWs. Bruder Hermenegild im SS-Korpslazarett Reval infolge einer Kriegsverwundung verstorben. Zuletzt war er SS-Obersturmbannführer und Kommandant des SS-Panzer-Grenadier-Regiments Danmark.

Flöhe war. Man mußte Lumpen um Hals, Hände und Knöchel binden. Aber auch damit hatte ich nach zwei Tagen keine heile Stelle mehr am Körper. Trotz dieser Misere habe ich mich später nach Dijon gesehnt, man konnte sich dort morgens waschen und bekam auch genügend Brot, wenn auch das übrige Essen 'saumäßig' war. Die ersten 10 Tage blieb ich dauernd in der Zelle, durfte weder an die Luft noch bei Fliegerangriffen in den Keller. Bekam auch nichts zu lesen. Auf Schreiben ans Gericht keinerlei Antwort. Am 26.7. bekam ich dann Besuch von B., aber wir durften nur dienstlich miteinander reden. Immerhin war dies eine große Freude.

Dann durfte ich auch in den Hof und in den Luftschutzkeller und konnte mit Kameraden reden. Abends ab 18 Uhr empfing ich Nachrichten, welche sich die Franzosen durch die Fenster zuriefen. Dieselben waren bestens orientiert und immer guten Mutes. Am 29.7. - nach 16 Tagen - kam der Chefoberleutnant mit zwei Uoffz. in meine Zelle und verlas mir sehr feierlich meinen Haftbefehl, worin ich des Landesverrats verdächtigt wurde. Ich fiel aus allen Wolken und konnte mir gar nichts darunter vorstellen. Niemand konnte mir Aufklärung geben. -

Der Spieß, der sehr ordentlich war, gab Anweisung, mir etwas zu lesen zu geben. Es waren schauerliche Abenteuerromane, die ich nach 5-6maligem Lesen auswendig wußte. Eines Morgens mußten wir alle antreten, 30 Deutsche und 500-600 Franzosen, um einem neuen Kommandanten vorgestellt zu werden. Ein uraltes Männchen - Oberleutnant - der als Wärter im Zuchthaus Germersheim KVK I. Klasse gedient hatte. Am 10.8. nachmittags mußte ich mich reisefertig machen. Ich bekam außer Geld und Tabak meine Sachen zurück, und um 24.00 Uhr sollte es losgehen. Bei der Einlieferung hatte ich eine Flasche Sekt bei mir gehabt, die soff ich jetzt sofort aus und war schön blau. Um 23.00 Uhr Fliegeralarm, und der Bahnhof war kaputt, so daß die Reise ins Wasser fiel. Dafür kamen am 12.8. morgens um 6.00 zwei Feldgendarmen, mit denen ich in einer Lkw-Kolonne auf einem mit Bomben beladenen Wagen nach Paris fuhr, zusammen mit zwei Frauen, von denen eine M. war, die mir in Douai den Haushalt geführt hatte. Ihr hatten die Tierchen furchtbar zugesetzt, aber da sie nie in Einzelhaft war, war sie guten Mutes. Sie war nie vernommen worden und wußte von nichts.

Es wurde uns streng verboten, miteinander zu reden, aber es ergab sich nachher doch. Auf dieser Reise erlebten wir verschiedene Angriffe von Tiefffliegern, aber da unser Lkw nichts mitbekam, gingen auch unsere Bomben nicht los. Überall am Straßenrand brennende und ausgebrannte Fahrzeuge. Einige Dörfer und Städte sahen verheerend aus, vor allem, wenn dort Tanklager und wichtige Bahnhöfe waren. Das Herbstwetter war herrlich, zumal für mich, da ich genau nach 4 Wochen zum ersten Mal an die Luft kam. In Tornere [7], wo wir an einem Soldatenheim hielten und etwas kauften, traf ich den früheren Koch vom Soldatenheim Douai. Die Freude war groß. Nachts um 2.00 Uhr kamen wir zum Flughafen, wo wir die Bomben loswurden. Während des Abladens konnte ich mich waschen und rasieren. Um 12 Uhr waren wir am Pariser Ostbahnhof, wo wir die Autos verließen und gut zu mittag aßen. Dann kam ein Mann der Gestapo und nahm uns in Empfang. Wir wurden in zwei nebeneinanderliegende Zellen gesperrt und sollten abends ins Gefängnis überführt werden. Ich war gera-

---

7 Südlich von Troyes.

de eingeschlafen, als unter furchtbarem Lärm noch vier Männer in meine Zelle gebracht wurden, die von der "Vernehmung" kamen und überall bluteten. Sie waren gefesselt, und ich wischte ihnen das Blut ab: Es waren 2 Franzosen, 1 Engländer und 1 deutscher Obergefreiter, der sich von seiner Truppe entfernt hatte. Da man annahm, es seien Partisanen, hatte man sie nackt furchtbar geprügelt, um ein Geständnis zu bekommen. Es waren im Grunde harmlose Leute. Der Engländer war aus einem Lager entflohen, sonst nichts. Man hatte ihnen gesagt, sie würden abends erschossen, aber da die Amis in Chartres standen, hoffte man, sie wären früher da. Um 18.00 Uhr wurden wir in eine 'Grüne Minna' (Lkw mit zwei Einzelzellen) verladen und nach Fresnes gebracht - ca. 10 km westlich von Paris. Das zweitgrößte Gefängnis der Welt mit Platz für 11.000 Menschen!

Die erste Nacht kam ich in die Zugangszelle, aber streng nach Nationen getrennt. Ich hatte ganz amüsante Leidensgenossen. Morgens erst zur Entlausung, dann Sachen abgeben etc. Hier ließ man uns sogar die Rauchwaren. Ich kam in die Schwerverbrecherabteilung mit einer sehr schönen Einzelzelle und Clo, fließend Wasser etc. im V. Stock. Das hatte den Vorteil, zuletzt genährt zu werden. Dadurch bekamen wir mehr. Gute Küche, sogar Marmelade, und fast jeden Abend 8-10 Heringe. Das Personal war wüst und unfreundlich, aber sicher so erst dort geworden. Es gab zu lesen, aber keine Zeitungen. Der Verkehr mit den Nachbarn spielte sich durch die Fenster, die eigentlich zugenagelt waren, ab. Man schnitt vom Betttuch lange Streifen und band daran Cigaretten, Feuer oder Lektüre. Neben mir saß ein Fallschirmjäger, der seinen Lkw voll Benzin an den Widerstand verkauft hatte. Den Erlös von 300.000 frs. hatte er in Paris verjubelt, wurde dort auch verhaftet. Nun hatte er sich freiwillig als 'Raumflieger' gemeldet, um der Todesstrafe zu entgehen. Abends, wenn es Kaffee gab, mußten wir unsere ganze Kleidung auf den Gang werfen, um nicht fliehen zu können.

Am 2. Tag klopfte es, und ein katholischer Wehrmachtspfarrer kam herein, um meinen Vorgänger zu besuchen, der aber morgens erschossen worden war. Er frug, ob er nun bei mir bleiben dürfe. [8] Er war sehr

---

8 Zu diesem Zeitpunkt war Wilhelm v. Westphalen mitgeteilt worden, dass er am nächsten Morgen um 4.00 Uhr erschossen werden sollte. Um 23.00 Uhr erhielt er seine

21

nett, gab mir zu rauchen und Bücher und gute Ratschläge für die Vernehmung. Am 16.8., nach 5 Wochen, wurde ich auf "Haftfähigkeit" untersucht. Der Arzt guckte mir in den Mund und in die Achselhöhlen und damit bekam ich das Attest.

In diesen Tagen hörten wir schon deutlich den Kanonendonner und Sprengungen. Jedesmal, wenn es so stark donnerte, daß die Scheiben klirrten, schrien die Franzosen vor Begeisterung. Von uns gingen täglich - Transporte ins Reich. Die schwersten Fälle zuerst. Am 17.8. wurden alle Frauen, einige hundert, freigelassen. Einige Rabiate verprügelten aber noch schnell die deutschen Wärterinnen - es war ein herrlicher Krach. Ich hatte mit der eisernen Lehne meines Stuhles das Fenster aufgebrochen und nahm am Geschehen draußen teil. Da ich fließendes Wasser hatte, konnte ich das einzige Hemd und meine Unterhose nach 5 Wochen zum ersten Mal waschen. Aber ohne Seife und Bürste wurde es nicht sehr schön!

Am 18.8. war auch die Lage ernster geworden. Wir

„Henkersmahlzeit". Vor dem Hinrichtungstermin konnte Westphalens Dienststelle erreichen, dass der Vollzug ausgesetzt und der Fall an das Reichskriegsgericht in Torgau überstellt wurde.

kamen in den Hof, saßen stundenlang herum und sprachen über Politik. Dann wurden aus 600 leichteren Fällen vier Einsatzkompanien gebildet, bewaffnet und ausgerüstet. Die meisten davon kamen bei der Verteidigung von Paris um. Geführt wurden diese Leute von gefangenen Offizieren. Gegen Abend wurden wir mit vergitterten Zellenwagen von der Stadt in Richtung Osten gefahren. Nun mußten wir in Gruppen von 25 Mann und 2 Wachleuten laufen. Nachts kamen wir in Meaux [9] an, hatten 25 km bei der Hitze gemacht, aber ein Teil von uns hatte sich verduftet. Wir wurden nun in einen Park gesperrt und schliefen in der lauen Sommernacht. Aber gegen Morgen wurde es so ohne Decke scheußlich kühl.

Vormittags wurden wir in Autos verladen. Unseres ging bereits nach 7 Stunden kaputt. Wir saßen 10 Std. im Straßengraben in praller Sonne und ohne Wasser. Amüsant zu beobachten war der militärische Rückzug. Fast alle hatten sich ein mehr oder weniger schönes Auto requiriert, was mit dem Roten-Kreuz-Zeichen bemalt war. Ab gen Osten. Jeder 20. Lazarettwagen war - wirklich einer. Die SS-Führer taten sich in dieser Tar-

---

9 Östlich von Paris.

nung besonders hervor. Von der Hitze und Sonne bekam ich nachmittags einen Sonnenstich, und es ging mir sehr dreckig. Ein Auto nahm mich mit nach Château de Thierry, wo wir einen Zug bestiegen, der aber erst nach 12 Stunden losfuhr und bis Toul [10] ging, wo wir ins Gefängnis sollten. Das war aber voll, in Nancy ebenfalls. Daß wir von den Tieffliegern in Ruhe gelassen wurden, war ein Wunder.

Am Abend des 6. Tages kamen wir endlich in Belfort an. Dreckig, verhungert und krank. Das Gefängnis war überfüllt, und wir kamen in eine mit Stacheldrahtverhauen gesicherte alte Kaserne, in der schon sieben Geflüchtete aus Gefängnissen saßen. Ungefähr 80 Mann in ein nacktes Zimmer im 3. Stock; die hygienischen Verhältnisse und alles andere waren grauenhaft. Niemand kümmerte sich um die Verpflegung. Wir bekamen tägl. 125 gr. Knäckebrot und Kaffeewasser. Bei jedem Fliegeralarm, Tag und Nacht, mußten wir runter in die Kasematten eines Berges. Bei einer Bestandsaufnahme unseres Haufens wurde festgestellt, daß seit Paris 55 Leute abgängig waren. (Hoffentlich sind sie

10 Westlich von Nancy.

gut durchgekommen)! [11]

Pause auf dem Gefangenentransport von Belfort zum

Wehrmachtgefängnis Torgau, August 1944

© Graf Gräfin Westphalen Paderborn

Am 28.8. nachmittags bekamen wir jeder 1/2 Brot; eine Scheibe Wurst und einen Löffel Schmalz: alles wurde sofort aufgegessen. Dann wurden wir wieder verladen.

Die Viehwaggons wurden mit Stacheldraht zu-

---

11 Wilhelm v. Westphalen wurde auf dem Transport Augenzeuge von Erschießungen von Mitgefangenen. Jahrzehnte nach Kriegsende ermittelte die Staatsanwaltschaft in diesen Todesfällen und befragte auch v. Westphalen.

25

gemacht, und die schweren Fälle bekamen Handschellen. Ich hatte insofern Glück, als ich in einen Waggon kam, der offen war. Wir sollten nach Freiburg ins Zuchthaus gebracht werden. Diese Fahrt war noch schlimmer als die erste. Viele der Gefangenen ließ man zum Austreten nicht aus dem Waggon, daher machten sie in die Hose oder ins Eßgeschirr; als Gegenmaßnahme entzog man uns Essen und Trinken. Als es endlich mal regnete, fingen wir das vom Dach fließende Wasser auf und tranken es. Außerdem waren einige Wärter nett und sammelten von den Gleisen rohe Kartoffeln und Kohlköpfe für uns. In Colmar traf jemand aus unserem Waggon seinen Vater, der bei der Eisenbahn war und die ganze Familie heranholte. Von Straßburg gings nach Freiburg, wo aber auch alles voll war; in Mainz war auch kein Platz. In Rüsselsheim auf dem Verschiebebahnhof gab es einen kräftigen Bombenangriff. Wir blieben in unserem Wagen die ganze Nacht. Die Wärter saßen in Bunkern.

Dann ging es nach Mitteldeutschland, und am 31.8. abends kamen wir nach Torgau a. d. Elbe, Fort Zinna, wurden am 1.9. [12] entladen, standen dann den ganzen

12 Ein Hinweis auf diesen Transport findet sich bei Fritz

langen Tag im kalten Hof, wurden hin und her sortiert und besichtigt, und man wollte uns nicht! Endlich wurden wir sortiert. 350 Mannschaften und 33 Kfz. Ab in den 5. Stock, Zementfußboden ohne Strohsäcke. Bei der Anmeldung auf der Schreibstube sprach mich ein Gefangener an, der dort beschäftigt war und seine 9 Monate wegen Versetzung bald rumhatte, ein Baron H. aus Prag, der die kühnen Westphalens (...) gut kannte und so nett war, mir ein Brot zu schenken.

Nach sieben Tagen waren ca. 50 % krank, da wurden wir entlaust bzw. unsere Sachen. Wir selbst kamen unter lauwarme Brausen, mußten nackt und naß 3 1/2 Stunden auf unsere Sachen warten und holten uns eine herrliche Erkältung. Die Läuse überlebten alles. Dann wurden wir in Zellen gesteckt, immer 5-6, aber

Wüllner: A.a.O., S. 35; dort heißt es: „Als die Alliierten in Frankreich immer weiter vorrückten, wurden die dort noch einsitzenden Gefangenen ins Reichsgebiet abtransportiert, 74 von ihnen in das Wehrmachtgefängnis Germersheim und 322 am 1.9.1944 nach Torgau. Die darüber vorliegenden namentlichen Listen enthalten nur in wenigen Fällen auch Angaben über Urteile und Delikte. Aus zwei zusätzlichen Listen ist zu entnehmen, dass 95 von diesen 322 Häftlingen in das Wehrmachtgefängnis Brückenkopf und 154 weitere sofort zur SS-Sonderformation abgestellt wurden. Da eine weitere Liste nicht existiert, ist anzunehmen, dass man den Rest von 73 Häftlingen in Fort Zinna einlieferte".

die Behausung war als Einzelzelle gedacht. Mit mir kam ein SS-Scharführer aus Douai, der dort bei der SS Dolmetscher gewesen war. Er hat wegen einer Dummheit 10,5 Jahre Zuchthaus bekommen, das Urteil war aber noch nicht bestätigt. Dazu kam ein Uoffi., der beim General d. Nachrichten Frankreich Dolmetscher war. Er war Bildhauer und lebte bereits 12 Jahre in Paris. Der dritte war aus Paderborn, ein Fliegeroffizier, der 6 Wochen absitzen mußte, weil seine MPi zufällig losgegangen war und ein Kamerad die Kugel in den Bauch bekam. Er sang und erzählte den ganzen Tag nur Dummheiten. Der letzte war ein tschechischer Polizist, ein unangenehmer Charakter und falsch. Aber für Zigarettenstummel und Brotkrusten übernahm er den Stubendienst. Die Zelle hatte 2,0 x 3,80 m, hatte Clo und Wasser und war erträglich. Zum 2. Mal habe ich mein Hemd gewaschen. (Ach, da war noch ein Matrose, der bereits vor dem Krieg die ganze Welt gesehen hatte. Er hatte sich in Brest einen angesoffen, hatte die Streife, die ihn festnehmen wollte, verprügelt und war getürmt - ein netter Kerl aus Oberschlesien.)

Das Essen war gut, aber wenig. Morgens um 1/2 6 gab's schwarzen Kaffee, um 11.00 Uhr einen Liter Suppe aus Kohl und Rübenblättern, nur sonntags Pellkartoffeln, um 16.30 Milchkaffee, 3 Scheiben Brot mit Butter oder Marmelade. Einmal die Woche gab's süße Brotsuppe, auf die wir uns 8 Tage vorher schon freuten.

Über den Krieg und die militärischen Verhältnisse kursierten die tollsten Gerüchte, was nicht verwunderlich war, da fast alle mit der Feindseite sympathisierten und erwarteten, daß die Amis oder Thommys unsere Zellentüren öffnen würden.

Am 19.9. wurde ich aus der Zelle geholt, um Besuch zu empfangen. Es war die gute Aloysia, die auf meinen Brief vom 3.9., der irgendwo liegengeblieben war, kam, um mir Kleidung, Nahrung und Rauchwaren zu bringen, sogar vier ganze Brote. Nun war die Not zu Ende. Und am 23.9. kam sie auf der Rückreise von Schlesien noch einmal und brachte gute Sachen zum Essen und viele Neuigkeiten. Da anscheinend unsere Akten verloren waren, wurden wir am 24.9. der Reihe nach vernommen. Ich kam zu einem Oberleutnant, der mich nach Namen, Delikt etc. frug. Er bezweifelte die Richtigkeit meines Namens, da er angeblich schon verschiedentlich in Westfalen gewesen sei, aber den Namen noch nie gehört habe. Als ich ihm dann noch erklärte, ich wüßte nicht, was man mir vorwerfe, war es ganz aus. Und wirklich hatte ich erst durch Wisa erfahren, daß der dumme Brief von Baumbach und mir an Dr. Schäfer, dessen Abschrift in meinem Schreibtisch während der Zeit bei der Résistance gefunden wurde, an allem Schuld gewesen war.

Sinngemäß hatten wir dort geschrieben: „Unser Weg ist falsch, aber wir gehen ihn unbeirrbar weiter, mein Führer! Beim Voranschreiten der Invasion ist sich der südlichen Dienststelle zu erinnern, da Abreisen durch die Schweiz von dort aus vorbereitet werden sollten ..."

Soweit der Bericht von Wilhelm v. Westphalen.

Aloysia von Spiegel und Wilhelm von Westphalen

Verlobungsfoto Mai 1944 in Helmern

© *Graf Gräfin Westphalen Paderborn*

Briefe aus Torgau

Am 1. September 1944 erreichte Wilhelm v. Westphalen mit einem Gefangenentransport von 322 Personen von Belfort / Frankreich aus das Wehrmachtgefängnis Torgau und wurde dort der Zuchthauskompanie 7B zugewiesen. Den ersten Brief an seine Verlobte, Aloysia Freiin von Spiegel, adopt. Gräfin von Bocholtz-Asseburg (1910-1993), schreibt er bereits 2 Tage nach seiner Ankunft aus der Einzelhaft. Der Brief trifft am 18. September im Wohnort seiner Verlobten, Helmern bei Willebadessen nahe Paderborn ein.

Torgau, Fort Zinna   3. September 1944

Meine liebste Wiesa! Ob Du wohl von irgendjemandem Nachricht über mich bekamst. Ich bin seit dem 4.7. verhaftet und sitze jetzt im 7. Gefängnis, durfte aber bisher nicht schreiben. Weshalb ich in U-Haft bin, darf ich nicht schreiben, weiß es auch selbst noch nicht, da ich noch nicht vernommen wurde.

So allmählich hab ich mich auch an das Leben gewöhnt u. laß den Kopf nicht mehr hängen.

Aber kannst Du mir nicht 1 dunkles Hemd, 1 Unterhose, 1 paar Socken u. 1 warmen Pullover u. einen Mantel schicken oder bringen u. vor allem was <u>zu rauchen u. zu essen</u>. Seit 10 Wochen hab ich dieselbe Wäsche an, da ich kein Gepäck mitnehmen durfte. Ich glaube, daß man Dir hier Sprecherlaubnis für kurze Zeit gibt. Aber Du mußt Dich eilen, denn ich glaube nicht, noch länger hier zu bleiben.

Wenn ich nur mal vernommen würde, würde sich alles aufklären, aber ich kann es nicht erreichen.

Ich denke soviel an Dich u. uns beide. Ob Du noch in H. [13] bist oder nun auch in einer Fabrik? Ich hab seit Ewigkeiten, Mitte Juni, keine Post mehr bekommen. Ich kann ja von mir wenig erzählen aber glaub mir, schön ist es nicht so dauernd in Einzelhaft nur mit seinen Gedanken allein. Das einzig erfreuliche ist, daß es meinem Bein sehr viel besser geht. Sitzen geht sogar sehr gut! Ob das nun die Nachwirkungen von Nenndorf [14] sind oder dies spartanische Leben weiß ich

---

13 Helmern: Geburtsort der Verlobten von Wilhelm Westphalen (WW) und späterer Wohnort des Ehepaares.
14 WW hatte sich im Sept. 1942 bei einer Jagd selbst ins Gesäß geschossen; zunächst im Luftwaffen-Ortslazarett Loiz-Arras behandelt, anschließend vermutlich zur Reha nach Bad Nenndorf.

nicht.

Wie hast Du über unsere Heirat entschieden? Die in Frankreich stehende Kiste Sekt muß ja wohl vorläufig dort bleiben, wie all meine vielen schönen Sachen, die nun wohl andere Völker erfreuen. Aber wer weiss, wozu alles gut ist. Evtl. wäre ich nun auf dem Weg nach Kanada.

Wie mag es meinen Brüdern gehen u. allen Bekannten. Ich hoffe ja so, daß Du bald kommst, u. wir uns sehen können, wenn auch nur für kurze Zeit. Wenn Du hier nichts erreichst, gehst Du am besten zu einem Rechtsanwalt, der das dann schon dreht.

Lebwohl liebste Wisa, grüß die Eltern sehr (…) u. laß Dich sehr sehr lieb haben von Deinem alten *Wilhelm*

Verzeih bitte die Aufmachung des Briefes, aber ich hab nichts anderes.

Bereits wenige Tage nach seiner Ankunft teilt Wilhelm von Westphalen mit 4 weiteren Gefangenen die Zelle 9743/8b der Kompanie 7B und erhält Besuch seiner Verlobten. Auch kann er einen Brief, geschrieben am 19. September, und ein Gedicht, das der Zellengenosse Rudi Zirn am 25. September verfasste (siehe Brief v. 4.10.44), aus dem Gefängnis schmuggeln. In seinem Brief schildert er die Stationen seit seiner Verhaftung bis zur Einlieferung in Torgau, skizziert die Zelle und stellt seine Zellengenossen vor. Zudem bittet er, ihm heimlich Benzin und Feuersteine, deren Besitz in Torgau verboten ist zu schicken. Auch auf Vernehmungen und Verhaftungen in der ostwestfälischen Heimat seiner Verlobten nach dem gescheiterten Attentat des 20. Juli nimmt WW Bezug.

„2. Brief Torgau, 19. Sept. geschrieben, kam 29. Sept. an" - Vermerk von Aloysia v. Spiegel

Liebste Wisa! Wie hab ich mich über Deinen Besuch gefreut, jetzt es nur noch halb so schlimm mehr. Nur tut es mir furchtbar leid, daß Du Dich solange um mich ängstigen mußtest. Ich hatte gehofft, daß Schaefer [15] über meine Verhaftung Bescheid wüßte u. Dir dann Nachricht geben würde. Mich beruhigt im übrigen die Tatsache, daß an allem der dumme Brief Herrn Baumbachs [16] (...) schuld war. Denn ich dachte schon mal, irgendwer aus der Verwandtschaft hätte mir einen undiplomatischen Brief geschrieben. Und die andere Sache ist vollkommen nebensächlich. Jetzt kann ich in Ruhe die Ereignisse draussen abwarten.

Hab noch tausend Dank für all die guten Sachen u. den langen Brief u. auch die Brote, die am anderen Morgen kamen. Den Brief hab ich allerdings noch nicht bekommen. Es ist übrigens möglich, daß Du einen Brief von einem Baron ..., ich hab den Namen vergessen (...) bekommst. Der kam am ersten Tag, als er meinen Namen hörte, zu mir, sagte, er würde am 16.9. entlassen u. wolle Dich benachrichtigen. Er ist irgendwie mit den Westphalens in der Tschechei [17] verwandt. Der Arme saß 9 Monate hier. -

---

15 Dr. Hans-Ulrich Schaefer (1908-1984) war Dienstvorgesetzter von WW in der Dienststelle Douai / Nordfrankreich.

16 Mitarbeiter von WW in der Dienststelle Douai. Keine biographischen Daten ermittelbar.

17 Ein Zweig der Familie von WW hatte Besitz in Chlumec (Kulm) / Tschechien.

Ob Du gut nach Hause kamst? -

In meiner Zelle war großer Jubel, als ich mit all den guten Sachen ankam. Der kleine Unteroffizier war ja sehr schick, denn eigentlich darf man nur 3 St. Esswaren pro Woche empfangen. Am nächsten Tag bekam nun noch ein Kamerad von seiner Frau aus Berlin Besuch, die auch noch Esswaren brachte, u. wir sind momentan wunschlos glücklich.

Ich sitze den ganzen Tag in Deinem Trainungsanzug u. Nachts hab ich den schönen warmen Mantel an, sodaß wir wenigstens das Fenster auflassen können. -

Unser Tageslauf spielt sich folgendermassen ab: 5.30 Aufstehen, aber im Dunkeln. 6.00 bekommt jeder ½ ltr. schwarzes Wasser. Wenn es hell wird, waschen wir uns, 10.30 gibt es 1 ltr. Suppe, ganz kleine Pellkartoffeln mit Sauce u. abends um 7 Uhr gibt's dann 3 Schnitten Brot, manchmal mit Butter oder Margarine u. Milchkaffee. Jeden Mittwoch gibt's ½ St. Knust Honig u. Samstags einen Harzer Kaese und Montags ist der Festtag, an dem es abends Brotsuppe gibt.

Den Tag nach Deinem Besuch hatte ich natürlich den Magen verdorben, aber das ist vorüber. -

Heute durften wir uns sogar rasieren. Ich hab unserem Hauptmann geschrieben, ich möchte ihn Sonntag sprechen. Er empfängt nur Sonntags. Und dann werd ich ihn mit den Papieren fragen, wie das mit Heiratsurlaub ist. -

Meine 4 Leidensgenossen hier werd ich Dir mal vorstellen: 1.) Ein Unteroffizier der SS, 24 Jahre aus der Gegend von Frankfurt. Heisst Rudi u. will Kunstmaler werden. Spricht französisch u. englisch. Der Arme ging an der span. Grenze spazieren, worauf man kurzerhand annahm, er wolle desertieren u. verurteilte ihn zu 10 ½ Jahren Zuchthaus. Dabei hat er alle Feldzüge mitgemacht, war verwundet, hat Orden u. Ehrenzeichen u. war freiwillig eingerückt.

Dann kommt ein Bildhauer, geborener Wiener, der aber bei seinen Pflegeeltern in Paris seit 15 Jahren lebte, ein blendendes Französisch spricht u. sehr intelligent ist. Er ist eigentlich nur in Sicherungsverwahrung, da die Terroristen ihn in Paris holen wollten. Aber seine Akten sind verloren u. nun sitzt er schon 9 Wochen ohne jeden Grund. Seine Frau, die von ihm getrennt in Berlin wohnt, war am 20. hier u. brachte ihm Sachen. Er macht den ganzen Tag Baupläne u. Speisekarten u. hat große Sorge, wie er wieder nach

Paris kommt.

Der 3. ist ein tschechischer Polizeiwachtmeister, eigentlich ein unangenehmer Kerl von 45 Jahren, der aber nun, wo ich zu rauchen u. zu essen hab, von einer kriecherischen Freundlichkeit ist u. den wir zum Putzen u. Waschen degradiert haben. Er sitzt wegen Trunkenheit im Dienst im Rückfall seit 12 Wochen in Untersuchungshaft.

Der letzte ist ein sehr lustiger jüngerer Flieger – Unteroffizier aus Paderborn. Der brauchte nur 6 Wochen sitzen u. wird am 25.9. entlassen, weil seine Maschinenpistole, die am Kleiderhaken hing, losging als ein anderer dranstieß u. den anderen totschoß. Obwohl er wirklich nichts dafür konnte, ist er aber nach meiner Ansicht der einzige, der mit Grund hier sitzt. Er singt, pfeift u. erzählt den ganzen Tag Witze u. freut sich natürlich sehr auf seine Entlassung.

Unser „Zimmer" sieht folgendermassen aus:

**Faksimile einer Seite aus dem Brief v. Westphalens
vom 19. Sept. 1944**

© *Graf Gräfin Westphalen Paderborn*

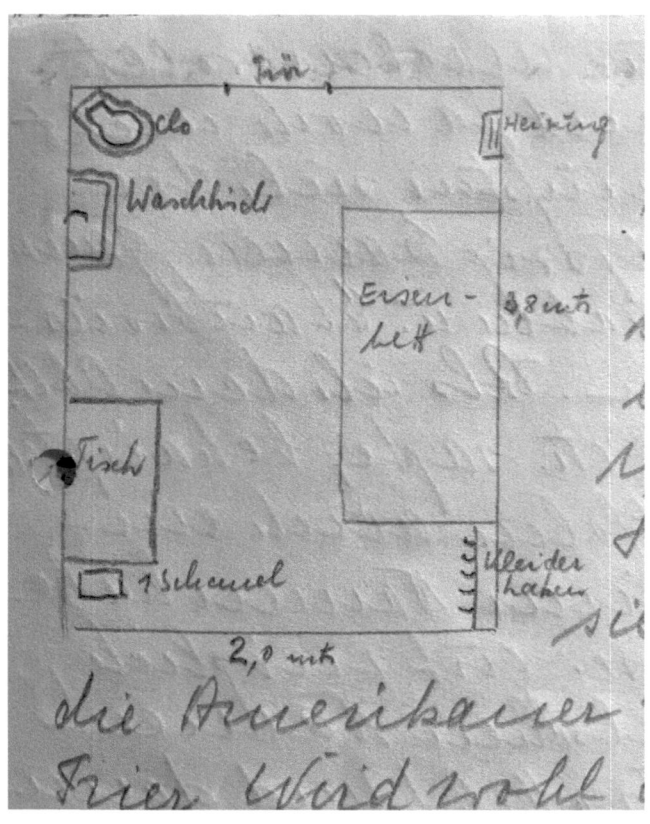

In diesem Käfig sitzen wir nun zu 5 und kommen jede Woche einmal 20 Minuten in den Hof. -

Heute kursiert das Gerücht, die Amerikaner seien schon in Trier. Wird wohl eine Ente sein. -

Gesten kamen wir 5 Minuten unter die Brause. Da wir nackt hin- u. herlaufen mußten, hatte ich gestern abend doch wieder Ischias, aber heut geht es schon.

Aber durch so kleine Abwechslungen geht die Zeit schneller um. An dem Tag, wo Du kamst, wurde ich ja morgens kurz vernommen, warum ich hier sei etc. da man anscheinend die leichteren Fälle zu Soldaten machen wollte. Unsere Akten sind ja noch nicht hier u. deshalb mußten sich die Leute, die von Leipzig [18] kamen, ganz auf unsere Angaben u. Glaubwürdigkeit verlassen.

Als ich dem Oblt. [19] meinen Namen etc. sagte, behauptete er, er kenne Westfalen auch ein wenig, aber meinen Namen habe er nie gehört. Es sei gut möglich, daß ich einen falschen Namen angebe! So ein Trottel! Und dann notierte er noch unsere verschiedenen soldatischen Fähigkeiten, um zu wissen, wo wir im Ernst-

18 Vermutlich vom Volksgerichtshof in Leipzig.
19 Oberleutnant.

fall einzusetzen seien. -

Hast Du noch was von Dr. Schaefer gehört? Ob er wieder eine eigene Dienststelle hat; dann könnte er mich nämlich beim Ersatztruppenteil anfordern. Ich hab ihm über die Mühlhäuser Adresse geschrieben, weiß aber nie, ob u. wann meine Briefe ankommen.

Dass Du sogar per Rad in Bökerhof u. Vörden [20] warst, finde ich fabelhaft. Wie war es denn bei Onkel Guido? [21] Hast Du zum Tee tüchtig Rühreier bekommen? Dann können wir ja nächstens zusammen Radtouren machen. Das gute Rad hab ich ja noch in Douai [22], aber das in Abbenburg [23] geht auch ganz gut.

Es darf nur nicht so schnell gehen u. vor allem nicht zuviel Berge hinauf! Hast Du denn Dein Rad von München [24] bekommen?

Ach, das wollte ich Dir auch noch sagen: Falls ich in engl. od. amerik. Gefangenschaft komme, hab ich in Frankreich gute Freunde mit besten Beziehungen, die

---

20 Bökerhof und Vörden waren vewandtschaftliche Besitzungen WW.s zwischen Brakel und Marienmünster.
21 Guido Freiherr von Haxthausen (1885-1967), Eigentümer des Anwesens Vörden und Verwandter WW.s.
22 Dienststelle WW.s bei der Zivilverwaltung in Nordfrankreich.
23 Verwandtschaftlicher Besitz nahe Brakel.
24 WW.s Verlobte studierte seit 1934 Kunst in München.

mich herausholen u. bei sich pro forma als Arbeiter einsetzen. Ich hab seinerzeit diesen Leuten Angehörige, die in deutscher Gefangenschaft waren, befreit u. das hatten sie mir in weiser Voraussicht versprochen. Für alle Fälle geb ich Dir mal eine Adresse von der Frau Danat, meiner alten Sekretärin u. „mütterlichen" Freundin. Madame B. Danat. Douai – Dorignies (Nord) France. 2 rue Jules Brabant.

Da hab ich auch noch einen Haufen Sachen stehen. Ich glaube nicht, daß man sie wegen ihrer Arbeit mit den Deutschen belästigt. Ich hoffe ja auch sehr, nach dem Kriege, wenn sich die Gemüter wieder beruhigt haben, noch mal nach Frankreich zu kommen u. Dir dann die Stätten meiner Tätigkeit vorzuführen.

Aber vielleicht gibt es nun ein Paneuropa u. Androhung der Todesstrafe für jeden, der vom Krieg spricht.

War eigentlich in Helmern diesen Sommer u. Herbst auch immer so schönes Wetter? Solange ich eingesperrt bin, hab ich höchstens 4-5 Tage Regen erlebt. Was hätte ich mich so schön braun brennen lassen können! Und dann hatte ich vor, entsetzlich viel Burgundertrauben u. Walnüsse zu essen. Beides gab es ja in unabsehbaren Mengen. Aber der Mensch denkt u.

Gott lenkt. -

Wenn ich mal herauskomme, will ich meine Erlebnisse hinter Gittern mal mit der Schreibmaschine aufschreiben, aber die einzelnen Daten will ich Dir jetzt schon mal geben, denn anscheinend wusste sie Schaefer auch nicht: 4.7. Verhaftung durch Terroristen bei Chatillon. 11.7. Flucht bei Laupes u. Rückkehr nach Dijon. 13.7. Rückkunft nach Montreau l. M. u. Verhaftung durch die Deutschen. 17.7. Überführung ins Gefängnis Autum. 21.7. Überführung ins Gefängnis Dijon. 29.7. Verlesung des Haftbefehls. [25] 12.8. Abfahrt nach Paris per LKW. 13.8. Ankunft in Paris Fresnes (Größtes Gefängnis Europas! 11.000). 16.8. Untersuchung auf Haftfähigkeit. 18.8. abends Abmarsch nach Belfort. Bis Meaux zu Fuß, bis Chateau Thierry LKW, von dort Viehwaggons. 24.8. Ankunft in Belfort. 28.8. Abfahrt von Belfort nach Straßburg – Freiburg – Mainz – Frankfurt (Fliegerangriff) Hanau – Gerstungen – Apolda – Leipzig – 1.9. Ankunft Torgau.

---

25 Der Haftbefehl enthielt den Vorwurf des Landesverrats, auf welchen Tod durch Erschießen stand. Das Todesurteil wurde Stunden vor der Hinrichtung v. Westphalens ausgesetzt und der Fall an das Reichskriegsgericht in Torgau überwiesen.

Auf dieser Fahrt blieben wir 1 ½ Tage ohne jedes Essen u. Trinken. Von Paris-Belfort entflohen 53 Mann, 3 Gefangene wurden erschossen, 1 Wächter von den Gefangenen erschlagen. -

Morgen schreibe ich weiter. Schlaf gut meine geliebte Wisa. -

Das war eine Überraschung, als ich Dich im Besuchszimmer sah. Nie hätte ich daran gedacht, zumal ich ja den Brief immer noch nicht bekommen hab. Und all die herrlichen Sachen, die Du mitbrachtest. Die Torte war phantastisch gut u. ich hab auch kein Bauchweh davon bekommen. Sorgen macht mir nur der Schinken, denn wir haben kein Messer. Aber ich hab noch eine Rasierklinge. Vielleicht kann man die in ein Stückchen Holz verankern.

Und vielen Dank für den lieben Brief mit all den Nachrichten. Ich wundere mich ja auch, daß Tt. Tully [26] sich von all dem Kram so leicht getrennt hat. Hoffentlich kamst Du gut mit der Last nach Hause.

Erschreckt war ich aber doch über die Nachricht

---

26 Tusnelda Gräfin v. Bocholtz-Asseburg (1854-1949) adoptierte 1929 die Verlobte WWs. Diese sollte nach dem Tod Tusneldas das Gut Pannwitz bei Breslau/Schlesien erben.

über Vater [27] u. die Gestapo, u. Hermann L. [28] hätte ich für klüger gehalten. Franz P. [29] wird doch wohl nicht darin verwickelt gewesen sein! -

Auf das Obstpaket freue ich mich schon sehr. An und für sich dürfen wir ja nur 3 St. Lebensmittel pro Woche empfangen, aber anscheinend wird das nicht so streng gehandhabt. Die Cigarettenspitze schmeckt sehr gut.

Du fragst, wie ich mir unsere Zukunft nach dem Kriege denke: Ich finde, es hat wenig Zweck, sich jetzt schon den Kopf darüber zu zerbrechen. Das wichtigste ist, dass die Russen nicht kommen! Die anderen sind halb so schlimm. Sicherlich werden die Juden Rache

---

27 Joseph Freiherr Spiegel von und zu Peckelsheim (1878-1949), zukünftiger Schwiegervater WWs. Landrat des Kreises Warburg 1933-1943. Nach dem Attentat vom 20. Juli Hausdurchsuchung in Helmern und Verhör. Vgl. Gerlinde von Westphalen: Ein Warburger Landrat im Nationalsozialismus: Joseph Freiherr von Spiegel. In: Jahrbuch Höxter 2024, im Erscheinen.

28 Hermann von Lünnick (1893-1975), Freund von WWs. zukünftigem Schwiegervater Joseph v. Spiegel. Wäre im Falle der geglückten Attentats auf Hitler am 20. Juli als Reichsernährungsminister vorgesehen gewesen.

29 Franz von Papen (1879-1969), von Juni bis Dezember 1933 Reichskanzler, anschließend Botschafter in Wien und Ankara. Persönlich bekannt mit WWs. zukünftigem Schwiegervater Joseph v. Spiegel.

nehmen, was man ihnen ja auch nicht verdenken kann, aber dafür müssen sie erst mal wirklich den Krieg gewonnen haben u. soweit ist es ja noch nicht. Außerdem wird es auf dem Lande immer ruhiger sein wie in den Städten.

Ich kann von meiner Warte aus hier ja auch die polit. Lage u. alles schlecht beurteilen. Jedenfalls darf man nicht zu <u>trübe</u> in die Zukunft sehen. Wenn wir uns lieb haben und zusammenbleiben, wird sich schon viel ertragen lassen.

Du fragst, was ich noch brauche: Um Kragenknöpfe hatte ich ja schon gebeten u. Zeitungen u. frz. Bücher. Wenn Du mal in Paderborn ein frz. Lexikon, aber nur Toussaint-Langenscheidt oder Sachs Vilatte [30] findest. Es kann auch antiquarisch sein u. es eilt nicht. Hier brauche ich es nicht.

Dann <u>Feuersteine</u> u. <u>Benzin,</u> denn wir dürfen keine Streichhölzer haben. Und das Benzin, es braucht nicht viel sein, mußt Du in eine Zahn- od. Haarwasserflasche tun u. evtl. mit Farbe färben. Außerdem muß der

---

30 Mit den Sprachlernbriefen der Methode Toussaint-Langenscheidt konnten Fremdsprachen im Eigenstudium erlernt werden. Sachs-Vilatte Enzyklopädisches Wörterbuch.

Verschluß fabrikmäßig sein, daß man es nicht riecht. Auch in einen <u>Waschlappen.</u> Und wenn Du mal nach Abbenburg kommst, lass Dir doch bitte von Anna den Schlüssel zu dem Eisenkoffer im Apfelkeller geben u. sieh nach den Stoffen, damit die nicht muffig oder schimmelig werden. Denn ich hab ja in Frankreich 4 Anzüge u. ca. 12 Hemden gelassen u. daher nicht mehr allzuviel. Vielleicht muß auch mal wieder Mottenpulver in all die Schränke u. Koffer. Und grüss die Mädchen sehr von mir.

Der Paderborner will anfangen, seine Sachen zu packen, deshalb muß ich schliessen. Lebwohl liebste Wiesa, nochmals vielen vielen Dank. Tausend Grüße den Eltern (...) Umarmung u. alles alles Liebe von

Deinem *Wilhelm*

Kannst Du nicht in ein Brot oder Kuchen ein kl. Taschenmesser einbacken? Aber nicht darüber schreiben.

Fort Zinna Torgau: Kreuzbau von Osten
Aufnahme des französischen Kriegsgefangenen
André Levacher, Ende April 1945
© *Archiv Stiftung Sächsische Gedenkstätten /*
Erinnerungsort Torgau

Faksimile des Gedichts, das von Westphalens

Mithäftling Rudi Zirn verfasst hat.

An unsere Schutzgöttin

In Torgaus berühmter Festen,
befanden sich unter den Besten
fünf wackere Soldaten
infolge nachstehender Taten...

Graf Wilhelm v. Westfalen
tat gerne Briefe malen
wenn er getränkt mit Alkohol
sich fühlte gar zu wohl.

Sein' Chef in Douai zu moquieren
tat er ein Schreiben expedieren
voll dunkler Merkwürdigkeiten
die nur der Adressat konnt' deuten.

Jedoch der Brief - leicht mitbenebelt -
in falscher Leute' Hände segelt
für die der Autor - der Missetäter -
galt als Landeshochverräter.

Freds Vergehen wird hierauf zitiert
der in Paris ganz ungeniert
sich Vorschlag und Rat vermachte
per Post - wie man in Sicherheit sich brächte.

Doch dieses war nur ein Verdacht
von neidigen Menschen aufgebracht
die dem Fredi übel wollten
doch sieh was sie erreichen sollten!

Unseres kleinen Jupps Delikt
war ein wenig ungeschickt,
denn die MPi-da ohne Sicherungsflügel-
verschaffte ihm ein arges Übel.

Doch die Justiz – o Wunder – mal klug
sah ein, dass die Schuld nicht gross, die er trug
sechs Wochen gesiebte Luft muss er geniessen
was ihn nicht weiter tut verdriessen.

Johann als vierter Übeltäter
berauschte sich an gutem Äther
des' Wirkung ist dem Leser wohl bekannt
da er oben schon abschreckendes Beispiel fand.

Statt seine Wache zu absolvieren
tat er Kognak absorbieren
worauf ihn tiefer Schlaf übermannte
wofür der Chef keine Verzeihung kannte.

Der Fünfen letzter Defaitist
ist Rudi ein begeisterter Hochtourist
Das Pariser Häusermeer sehen?
Nein, ihn intressierten die Pyrenäen.

Eine Dienstreise die ihn dorthin brachte
er zu seinem Sprungbrett machte
Drangsal in den Bergen zu verlieren...
Doch die Justiz tat kombinieren...

Die Fahrt nach Torgau war nicht angenehm
hinter Stacheldraht zu reisen ist unbequem
zu fünfundvierzig im Viehwagen sitzend
bei Durst und Hitze war nicht erquickend.

52

All diese Unbill trug jeder allein
bis der Transport in Torgau traf ein
Hier trugen wir unseren Kummer
gemeinsam in Zelle sechsundachtzig nach Nummer

Würden wir die neuen Übel schildern
glaubte man wir sind am verwildern
bebartet verhungert verschmutzt und geplagt
hat Wilhelm in die Ferne sein Leid geklagt.

Doch sieh nicht immer Unheil stellte er an mit einem Sinn
die Göttin die er rief
hat mit viel Geschick gehandelt
und unser Elend flugs gewandelt.

Für die Tat die uns erquickt

Wird unendlich vieler Dank geschickt

doch da wir leider sind gebunden

konnten den Dank wir nur

        durch Poesie bekunden.

                Rudi Zinn

Torgau, den 25.9.44   F. Burghammer

53

Torgau, 29.9.44

Meine liebste Wisa! Heute vor 8 Tagen warst Du erst hier u. ich hab schon wieder solch eine Sehnsucht nach Dir. Hoffentlich kommt wenigstens bald Post. Denk Dir, den Brief, den Du am 20.9 hier mit dem Brot abgabst, hab ich noch nicht bekommen. Der Ltn. mußte ihn zur Zensur auf die Schreibstube geben, u. da wird er wohl verloren gegangen sein. Ob Du meinen Brief wohl bekamst?

Und ob Du Antwort von Giessen [31] hast? Ich glaube aber doch, es wäre nicht unpraktisch, wenn Du über Giessen meine Verhandlung oder Versetzung zur Truppe veranlassen würdest! Denn hier hat es den Anschein, als ob wir evtl. zusammen als eine Einheit fortkommen könnten u. das möchte ich nicht, ganz abgesehen davon, daß ich keinen Infanteriedienst machen kann u. nie gemacht habe.

Der lustige kleine Flieger aus Paderborn ist heute mit 4 Tagen Verspätung entlassen worden. Wenn er Zeit hat, ruft er Dich an. Er war <u>vor</u> Freude ganz aus dem Häuschen. Wir haben ja wohl etwas mehr Platz

---

31 Rechtsanwalt WW.s

bekommen, aber sein Singen u. die Witze werden uns doch fehlen. -

In dem Karton, worin Du neulich das Brot mitbrachtest, haben wir ein „Mensch ärgere Dich nicht" Spiel aufgemalt, sogar mit Buntstift. Die Figuren bestehen aus verschiedenartigen Knöpfen, die wir abgetrennt haben u. den Würfel hab ich aus frischem Brot modelliert. Er hält u. rollt fabelhaft. [32]

Von Tante Mietz [33] bekam ich diese Tage einen lg. Brief, ich hatte ihr ja geschrieben. Danach muß der arme Ludger [34] aber doch wohl aufgegeben werden. (...).

Ich lese jetzt lauter seriöse u. bildende Romane: Gustav Freytags verlorene Handschrift, Ekkehard u. heute hab ich die 3 Bände „Ivanhoe" von Alter Scott durch.

Läuse hab ich im Moment keine mehr, aber dafür scheussliche Krätze, die besonders Nachts derart juckt,

---

32 Die Würfel sind von WW.s Sohn, Prof. Dr. Raban Graf von Westphalen, dem Erinnerungsort Torgau für die Dauerausstellung übereignet worden.
33 Eine Verwandte v. Westphalens aus der Familie v. Haxthausen.
34 Ludger Graf von Westphalen (1914-1982) - Bruder von WW, war von 1944 bis 1948 in russischer Kriegsgefangenschaft.

daß man nicht schlafen kann. Mit Schwefelpräparaten geht es ja meist schnell weg, aber anscheinend gibt es die nicht mehr, seitdem wir Sizilien verloren u. man beschmiert uns mit einem Teerzeug, das wie Asphalt riecht u. die Wäsche herrlich versaut. -

Vorhin wurde gefragt, wer morgen – Sonntag [35]– in die Messe wollte. Das scheint nur alle 4 Wochen zu sein. Ich bin sehr gespannt darauf.

Heute durften wir uns auch rasieren. Denk bitte daran, mir einige Rasierklingen zu schicken, ich quäle mich mit einer stumpfen rum, mit der ich schon <u>unter</u> großen Aengsten – für meine Finger – das Stück Schinken aus Pannwitz [36] geschnitten habe. Er schmeckte jedenfalls sehr gut, u. alles andere auch.

Diese Woche haben wir leider nicht die so beliebte süße Brotsupe bekommen. Die werd ich zur Erinnerung an die schöne Zeit hier später mindestens 2x die Woche essen, aber mit Rosinen, Korinthen, Pflaumen u. Rahm drin!

Unser Polizist aus der Tschechei hat nach Haus ge-

---

35 Der Brief ist auf Freitag, 29.08.1944 datiert, demnach wäre „morgen" Samstag; im Brief ist der Wochentag „Sonntag" angegeben.

36 Siehe Fußnote 26.

schrieben, man solle ihm Zwetschenknödel schicken. Da er aber gleichzeitig seiner Frau ankündigte, er liesse sich von ihr scheiden, sehe ich etwas schwarz für die Sendung. -

Ich hoffe daß ich morgen zum Hauptmann komme. Letzten Sonntag klappte es nicht. Schreib mir doch auch bitte die Telephonnummer von Helmern für alle Fälle. Das Telephonieren soll ja den Zeitungen zufolge auch schwieriger geworden sein.

Hoffentlich hast Du nur mit Deinem Kontakt keine Schwierigkeiten. Wenn doch erst alles vorbei wäre u. wir zusammen bleiben könnten. Erlebnisse hab ich seit dem letzten lg Brief, den Du mittlerweile wohl erhalten hast, keine mehr gehabt. Lebwohl liebe Wiesa, ich denke stets an Dich u. die Eltern. Schreib mir oft u. wenn es noch sehr lange dauern sollte, komm nochmal, falls es möglich ist.

Alles alles Liebe u. Umarmung

von Deinem alten *Wilhelm*

Vor dem 1. Oktober werd ich wohl nicht mehr schreiben dürfen! Ob Dr. Schaefer nicht mal herkommen kann?

Zum Zeitvertreib haben die Zellengenossen in einen Paketkarton mit Buntstiften ein „Mensch-Ärger-Dich-Nicht-Spiel" aufgemalt; abgetrennte Knöpfe dienen als Spielfiguren. Wilhelm v. Westphalen bastelt aus Brot Spielwürfel, die er bei seiner Haftentlassung mitnimmt. Die Würfel hat sein Sohn, Prof. Dr. Raban Graf von Westphalen, dem „Erinnerungsort Torgau" der Sächsischen Gedenkstätten für die in 2024 geplante neue Dauerausstellung als Exponat übereignet.

Einer der Mithäftlinge in der Zelle muß Torgau mit 300 weiteren Gefangenen zum Fronteinsatz im Osten verlassen.

Torgau, Mittwoch d. 4.10.44

Liebste Wiesa! Zunächst Dir u. den Eltern tausend Dank für das herrliche Paket, das am Montag ankam. Ich schwelge in Leberwurst u. dem guten Brot. Der Schal ist sehr schön warm u. wenn ich in die Schuhe 2 Paar Strümpfe ziehe, passen sie auch. Hatte Raban [37] so Riesen Füsse? Und daß Du sogar Zucker geschickt

---

37 Raban Freiherr von Spiegel (1916-1941) – Bruder von WW.s Verlobter. Oberstleutnant, fiel am 26. Juni 1941 bei Iwanchy nahe Uman/Ukraine.

hast, Du Gute, wo er doch sicher sehr rar ist. Vielen Dank auch für die Lektüre, besonders die landwirtschaftlichen Zeitungen. Ich hab mich schon sehr mit Kleekrebs, Tabakanbau etc. beschäftigt.

Neues ist hier nicht passiert. Man hat Sonntag die Uhr umgestellt, aber wir werden nach wie vor um 5.15 geweckt. - Meine Krätze ist geheilt. 3 Tage mußte ich mich mit einer stinkenden Salbe einschmieren u. dann ein Bad nehmen. Heute soll ich noch mal baden, aber das bleibt meist dabei. Aber Rasiertag ist heute, das ist schon Abwechslung u. Freude genug für einen Tag.

Man spricht davon, daß diese Woche ein Teil zur Truppe entlassen werden soll, was daran wahr ist, weiß ich nicht. -

Ich hoffe, am Sonntag zum Rapport zugelassen zu werden, ich hatte mich bereits 2x gemeldet, aber es war wieder nichts. - Gestern war ich sehr fleissig, hab in Anzug, Mantel u. Trainingsanzug Aufhänger aus alten Schuhbändern genäht. Es ist sehr schön u. vor allem haltbar geworden.

Meine letzte Post musst Du nun wohl bekommen haben. Ich hoffe, bald mal was von Dr. Schaefer zu hören, um zu wissen, was er u. die anderen Kameraden machen.

Am Samstag wurden unsere ehemaligen Wärter abgelöst u. unter den neuen hab ich einen Bekannten von der Schule getroffen. Er ist Feldwebel, hatte meinen Namen gelesen u. kam an. Er ist aber in einer anderen Abteilung u. ich hab ihn noch nicht wieder gesehen. Man trifft ja beim Militär so selten Bekannte, weil man in Uniform niemanden erkennt.

Schrieb ich Dir eigentlich, daß ich hier auf dem Hof, als wir von Belfort ankamen, einen Bekannten aus Douai traf? Wir sind zusammmen in der Zelle. Es ist der Rudi, der das schöne Gedicht gemacht hat. Wir sprechen oft von den schönen Zeiten u. gemeinsamen Bekannten in D. u. vor allem, was aus allen geworden ist. Den Zeitungen zufolge lässt ja de Gaulle [38] viele erschiessen, die mit den Deutschen zusammengearbeitet haben. Wenn nur endlich diese grässliche Morderei aufhört! Man darf garnicht dran denken, wie es sein könnte, wenn Frieden wäre. Lebwohl für heute, später schreibe ich weiter!

---

38 Charles de Gaulle (1890-1970), organisierte den französischen Widerstand gegen die Nationalsozialisten; von 1959 bis 1969 französischer Staatspräsident.

Freitag, d. 6.9. Morgens [39]

Die Zeit geht mir eigentlich sehr schnell herum. Der längste Abschnitt ist immer morgens vom Wecken bis zum Mittagessen. Gestern hab ich gewaschen. Es war eine Sauarbeit, denn die Wäsche saß voll Teer- u. Schwefelsalben u. ich hab ja nur eiskaltes Wasser. Aber dank Deines Seifenpulvers ist alles einigermassen geworden. -

Das Wetter ist immer gleich schön. Ich glaube noch nie einen solchen Sommer erlebt zu haben, wo es dauernd so schönes Wetter ist wie dieses Jahr. Es ist eine Schande! Für die Kartoffel- u. Rübenernte sicher herrlich. Und Hasen muß es doch auch in Masse geben, u. die Füchse haben es doch auch gut gehabt nach dem Mäusewinter.

Heute müßten wir eigentlich rauskommen an die Luft. Letzten Sonnabend waren wir das letzte Mal. - Gestern abend gab es eine sehr gute Gemüsesuppe, die ich mit der guten Wurst noch verbesserte. Dank der „Zusatzverpflegung" hab ich auch schon eine ganze Menge zugenommen u. durch die vielen Suppen hab ich schon einen Bauch bekommen, aber der wird wohl

---

39 Gemeint 6.10.

wieder weggehen in normalen Zeiten …

Heute ist <u>Samstag</u> Morgen. Wieder herrliches Wetter draussen. Der Freddy aus Paris bekam gestern von seiner Frau, die in Berlin wohnt, Besuch u. ein grosses Fresspaket. Dazu viele Bücher u. Zeitungen. Es war wieder Feiertag für uns. Nur hatte sie ihm im Besuchszimmer 3 Tassen starken Bohnenkaffee eingeschüttet, sodaß er nicht einschlafen konnte u. die halbe Nacht erzählte.

Heut Morgen um ½ 8 wurden ca. 300 Mann von uns weggeschickt zur Truppe. Der Freddy war auch darunter. Wohin, war nicht zu erfahren, aber es soll auf Truppenübungsplätze hier in der Gegend gehen, wo dann die „Volksgrenadierdivisionen" aufgestellt werden. Ich hab bei der überstürzten Einpackerei wohl ein Glas Marmelade u. Brot geerbt. Wir sind sehr betrübt, daß er fort ist, aber lange werdeb wir auch nicht mehr bleiben. Hoffentlich kommst Du nicht gerade dann, wenn wir fort sind. -

Dann kam eben „mein" Feldwebel, der Schulkamerad u. legte erst mal die beiden Flaksoldaten in eine andere Zelle, sodaß wir nur noch zu dritt sind u. uns besser bewegen können. Dann haben wir noch über

Bitburg [40] geschwatzt, wo die Engländer schon tüchtig reingeschossen haben, aber nun wieder zurückgeworfen sind. -

Gestern wurde die Zelle neben uns entlaust, u. wir übernahmen während 5 Stunden 3 Evakuierte, sodaß hier Hochbetrieb war. Dabei erfuhr ich auch, daß in unserer Kompanie Diphtherie herrscht, u. schon mehrere, dabei ein guter Bekannter, gestorben sind. -

In dem Deckel Deines Brotkartons haben wir ein „Mensch ärgere Dich nicht" Spiel gemalt. Die Figuren sind abgeschnittene Knöpfe u. den Würfel hab ich aus frischem Brot geformt. Es vertreibt die Zeit! - Hoffentlich kommt heute Post!

<u>Sonntag morgen.</u> Der erste Schub von uns, bei dem auch der Freddy ist, wird heute eingekleidet u. kommt am Dienstag Morgen fort u. zwar über Dresden zur <u>Ost</u>front. Ich gehöre anscheinend zu den schwereren Fällen, wie viele andere. Aber lange bleiben wir auch nicht mehr. -

Es ist nebelig u. kalt draussen. Da wir nur mehr zu dritt sind, haben wir sehr viel besser geschlafen. Du

---

40 WW hat lange in der Nähe von Bitburg auf Schloss Hamm als Verwalter gearbeitet.

wirst jetzt wohl in der Kirche sein, 8 Uhr. - Falls Du noch mal herkommen kannst, bring mir doch bitte etwas Geld mit. Herr Lücke in Abbenburg hat Vollmacht für mein Konto, u. mach davon ein möglichst kleines Päckchen, daß Du mir dann unauffällig zustecken kannst.

Sonntag. 8.X. Abends. Eben brachte man mir Deinen lb. langen Brief vom 27.9. Vielen vielen Dank. Leider ist es gleich dunkel u. ich hab kein Licht. Und morgen ganz früh kann ich diesen Brief jemandem zustecken.

Deine Rückreise muß ja scheusslich gewesen sein, arme Wiesa, mit den schweren Koffern. Aber ich freue mich, daß Du beim Arbeitsamt so ein Glück hattest. Nun wird man Dich ja sicher nicht mehr belästigen. Und daß Titta heil nach Hause gekommen ist, freut mich so, denn da unten muß es doch ziemlich brenzlich sein.[41] Und daß Schaefer in Marburg ist u. nach Dresden kommt, ist auch sehr schön. Hoffentlich kommt er mich besuchen. Ich hab ihm geschrieben. -

Wenn ich nun hier entlassen werden sollte u. zu

41 Maria Josepha Freiin von Spiegel (1913-1995), jüngere Schwester von WW.s Verlobter; war im 2. Weltkrieg Sanitätsschwester.

meinem Truppenteil komme, soll ich dann sofort Heiratsurlaub beantragen? Ich muß aber dann auch nachweisen, daß ich wirklich geheiratet habe! Und ich hab nur Anspruch auf 10 Tage. Und man weiß ja nie im voraus, was man für einen Chef bekommt.-

Bleiben wir nachher einfach zu Hause u. machen von da Tourneen? Mir ist alles recht, weißt Du. Aber was soll ich anziehen, wo doch mein Frack in Douai blieb. Ich hab noch einen guten Cut. Oder hatte Raban eine eigene Uniform, die noch gut ist? Vielleicht ist auch von Hermchen [42] eine in Abbenburg, aber der war so sehr schlank! Das sind alles so Sorgen, die ich mir hier mache.

Daß sogar Onkel Guido u. Fröhlich [43] mir ein Paket schicken wollen, ist ja herrlich. Hier ist übrigens noch keines angekommen. -

Ja von dem armen Ludger hatte ich inzwischen erfahren. Und nun soll Theo auch vermisst sein? [44] Aber

---

42 Hermenegild Graf von Westphalen (1909-1944) – jüngerer Bruder von WW.; nach 1943 SS-Obersturmbannführer und Regimentskommandeur SS-Panzerregiment „Danmark". Bundesarchiv R/9361/III – 563330.

43 N.N.

44 Theo Haniel, Ehemann von Benedicta v. Spiegel (1922-2011), einer Schwester von WW.s Verlobter

das kann doch auch an der schlechten Postverbindung liegen, zumal sie doch abgeschnitten sind oder waren. 3 Wochen sind doch noch keine Zeit um sich Angst zu machen. Ich bin doch nach 8 Wochen auch wieder aufgetaucht!

Es wird zu dunkel zum Schreiben. Lebwohl liebste Wiesa, schreib bald! <u>Du</u> kannst aber ruhig öfter schreiben, man gibt sie mir dank meiner Beziehungen. Den Eltern (...) viele liebe Grüße, besonders aber Dir mit einer ganz festen Umarmung von Deinem alten *Wilhelm*

Der Rudi hat heute die 3 Bücher von Konfuzius in französisch bekommen u. ist derart entzückt, daß er dauernd deklamiert. Ich finde meine Detectivromane für diese Umgebung besser geeignet.

Schick mir bitte einige Briefumschläge.

Meine liebe Wiesa! Gestern abend bekam ich Deinen vorwurfsvollen Brief, den Titta in Halle zur Post gegeben hatte. Ich kann wirklich nichts dafür, wenn die Post nicht ankommt. Dies ist der 6. Brief, den ich Dir schreibe, einer ist allerdings von der Zensur beanstandet u. vernichtet worden. Mit derselben Post an Tinte [45] ging er auch an Dich ab. Ich verstehe das Ganze nicht u. bin sehr traurig. Dieser Brief muß nun bis zum 15. warten, bis er wegkann. -

Die beiden Kameraden sind am Schlafen, der Freddy ist an die Ostfront u. ich esse die guten Käsestangen aus Deinem herrlichen Paket, das gestern ankam. Pakete brauchen genau 8 Tage. Das Buch ist sehr hübsch u. den Beutel ! konnte ich gut gebrauchen. Heute morgen kam auch ein Paket mit herrlichen Aepfeln u. Birnen aus Jauer an. Es hat anscheinend auch sehr lange auf der Bahn gelegen. Bist Du bitte so lieb u. dankst in meinem Namen, da ich ja nicht kann.

Zeitungssendungen von Dir hab ich aber noch nie

---

45 Maria Freifrau von Weichs (1883-1954) lebte auf Schloss Bökerhof/Brakel.

bekommen! Für Deinen lg. Brief vom 27.9. dankte ich Dir ja schon kurz im letzten Brief. Ich bekam von Vater Schaefer auch einen Brief, worin er mir die Marburger Adresse mitteilt. Daß Du bei ihm warst, finde ich fabelhaft. Er ist doch sehr nett, nicht wahr? Aber was mag er denn für eine Blutkrankheit haben, sonst hatte er doch nie was außer einem kaputten Knie. Ich warte jedenfalls voll Ungeduld auf seinen Besuch u. er wird mich hier auch schon rauskriegen. -

Wenn die Beschaffung eines Rasierpinsels so schwierig ist, ich hab, glaub ich, noch einen in Abbenburg in einem kleinen, ganz mit Hotelzetteln beklebten Lederkoffer, wo allerhand von Toilettenkram drin ist. Aber wenn Du irgendwas bei meinen Sachen entdeckst, was Du brauchen kannst, so nimm es bitte mit, u. erfreue Dich daran. Man soll, finde ich, heutzutage in der Gegenwart leben; wer weiß, was morgen kommt. Das hab ich ja auch zu Genüge gesehen u. es tut mir um vieles leid, das ich in Frankreich gelassen hab. Ich hab übrigens eine ungefähre Aufstellung über alles gemacht, was dablieb u. will mit Schaefer auch darüber reden. Andere Leute lassen sich auch immer jeden kleinsten Dreck ersetzen, dann kann ich das auch. Ich schicke Dir eine Abschrift mit, falls meine mal in Verlust geraten sollte.

Hat Dr. Schaefer Dir eigentlich nicht den langen Bericht über meine Verhaftung u. Tätigkeit bei den Terroristen gezeigt oder geben! - Und Schaefer meint also, daß ich Heiratsurlaub bekommen würde, das wäre ja schön, wenn es diesmal klappte. Ich hatte ja schon im letzten Brief davon geschrieben.

Ja – wegen der Ringe! Wenn Du welche bekommen kannst, kauf sie doch bitte. Wir können ja später immer noch friedensmässige machen lassen, wenn sie Dir nicht dick genug sind. Ob ich von dem guten Gold [46] noch was wiedersehe, weiß ich nicht. Es war damals eingezogen worden u. von hier aus kann ich ja nichts unternehmen.

Hatte Tante Lika [47] denn fertige Ringe? -

Aber wegen meines Anzugs brauchst Du Dir keine

---

46 WW. hatte unerlaubterweise Gold in seinem Schreibtisch, das von der Gestapo konfisziert wurde.

47 Gemeint: Benedicta von Spiegel (1874-1950): Äbtissin der Benediktinerinnenabtei St. Walburg in Eichstätt, und Tante der Verlobten WW.s. Sie gehörte dem Widerstandskreis um den Journalisten Fritz Gerlich an. Vgl. Gerlinde von Westphalen: Lady Abbess. Benedicta von Spiegel – Politische Ordensfrau in der NS-Zeit. Münster 2022, 2. Auflage 2023.

Sorgen machen u. mir auch <u>keinen mehr schicken.</u> Ich sitze ja den ganzen Tag in der Zelle u. mit dem Pullover u. dem dicken Mantel friere ich auch Nachts nicht mehr. Zum Anziehen brauche ich überhaupt nichts mehr, höchstens 2 od. 3 weiße Kragen u. ein paar Handschuhe. Ich war ja schon anspruchsloser wie ein Russe geworden in den ersten 8 Wochen, u. möchte mich nicht wieder zu sehr verwöhnen. -

Heute waren wir nach 10 Tagen zum ersten Mal wieder ½ Std. draussen. Es ist herrliches Wetter, nur wird es abends immer schon so früh dunkel, u. 12 Stunden kann ich beim besten Willen nicht schlafen bei dieser Tätigkeit. Wir haben aber noch kein Spiel entdeckt, dass wir im Dunkeln spielen könnten. Für das Kartenspiel übrigens vielen Dank. Die beiden anderen sind zwar zum Skatspielen zu dumm, aber andere Sachen hab ich ihnen schon beigebracht. Wer gewinnt, bekommt immer ein Plätzchen, denn der Rudi ist so vernarrt in seinen „Konfucius", daß er für nichts anderes mehr Interesse hat.

Gestern abend bekamen wir wieder die gute Brotsuppe. Es scheint überhaupt mehr zu geben, außer Brot. Aber vielleicht kommt das mir auch nur so vor, da ich nicht mehr so ausgehungert bin. -

Samstag, den 14.X. Heute kam Dein fabelhaftes Expresspaket an, woran ich ersah, daß Du nun doch Post bekommen hast. Hab tausend Dank für alles. Der Kuchen schmeckt herrlich, die handgenähten Waschlappen sind sehr schön u. über die Bücher haben wir uns sehr gefreut. Leider war das Leberwurstglas entzwei gegangen, aber ich glaube, ich hab so ungefähr alle Glassplitter aus der Masse entfernt u. kann sie noch essen.

Der näheren Zukunft sehe ich nun wieder mit ruhiger Gelassenheit entgegen. Besonderen Dank noch für den Rasierpinsel, der ja so schwer zu beschaffen war. Leider hatte ich mich gerade vorher rasiert u. kann ihn nun erst am Mittwoch ausprobieren. -

Gestern bekam ich sogar 3 Briefe. Von Dir, Tinte u. Dr. Schaefer. Falls Du mal mit T. sprichst, sage ihr bitte meinen Dank für all die Neuigkeiten. Dr. Sch. verspricht, nach Möglichkeit hierherzukommen u. erzählt im übrigen von den Kameraden. Er selbst scheint aber ganz munter zu sein. Schade, daß es mit der Kohlenherrlichkeit [48] zu Ende ist. Nun werden wir wohl nicht

---

48 Vielleicht Anspielung auf Jesaja 6. 1-12: „Da flog einer

mehr zusammen auftreten können, vordem Frankreich zurückerobert ist.

Jedenfalls kann er mir jetzt mal zu einem Urlaub verhelfen, denn ich hab ja seit Mai 43 keinen Erholungsurlaub mehr gehabt u. nach diesem „Kuraufenthalt" kann ich wohl Erholung brauchen. Ich mach schon immer Pläne u. bau Luftschlösser, aber die stehen ja heute noch wackeliger denn je, wenn man sogar in Helmern anfängt, zu bombardieren. [49] Was müßt Ihr für einen Schrecken bekommen haben! Du Arme. Wird nun nach Deinen Anweisungen ein Keller gebaut? Ich würde einfach hinter dem Haus einen Stollen in den Berg graben, wenn da kein Stein ist. -

Gestern kam in unsere Zelle Einquartierung, 2 Oberfeldwebel. Nun sind wir wieder zu 5. Es sind aber nette Kerls, einer von Marine u. ein Flieger, beide keine „Verbrecher". Und vor allem wilde Skatspieler, sodaß uns Dein Spiel bestens zugute kommt. Nur

der Serafen zu mir mit einer glühenden Kohle in der Hand, die er mit der Zange vom Altar geholt hatte. Er berührte damit meinen Mund und sagte: „Schau, die glühende Kohle hat deine Lippen berührt. Deine Schuld ist jetzt weggenommen, dir sind deine Sünden vergeben".

49 Im September 1944 fiel unweit von Helmern aus einem alliierten Kampfflugzeug eine Bombe.

Nachts ist es nun wieder etwas eng. Vorhin, als Dein Paket kam, waren alle der Ansicht, daß ich eine sehr tüchtige Frau bekommen würde.

Die Pakete werden nämlich in der Zelle vor den Augen eines Feldwebels geöffnet, der nachschaut, ob kein Tabak oder Cognak drin ist. Ach, heute kamen auch 2 Sendungen Zeitungen, dafür vielen Dank. Auch die beiden Adelsblätter [50] haben mich sehr erfreut. Aber so langsam stellen doch alle Zeitungen ihr Erscheinen ein. Ich muß grad aufhören, schreibe nachher weiter.

Sonntag Mittag. - Das Mittagessen habe ich nun hinter mir. Mittlerweile haben wir noch den 6. Mann in die Zelle bekommen, sodaß es noch enger ist. Ich hatte gehofft, heute zum Rapport beim Hauptmann zu kommen um wegen unserer Sache zu intervenieren, aber auch diese 3. Meldung blieb unberücksichtigt. Dafür kam ein Päckchen vom Bökerhof mit den Sachen, die Fröhlich gebracht hatte. Leider wurde mir der Tabak abgenommen, aber Kautabak wurde mir belassen, ich habs aber noch nicht versucht. Oder möchtest Du einen Mann, der priemt. Eine Frau klagte

---

50 Mitteilungsorgan des deutschen Adels.

mir mal ihr Leid, daß der Mann auch Nachts den Priem nicht aus dem Mund nehme u. immer das Kissen besudele.

Es ist wieder so schönes Wetter. Ich muß immer an den letzten schönen Sonntag in Helmern denken u. bin es mal wieder sehr leid in diesem Käfig. Wenn nur Schaefer diese Woche kommt u. was erreicht, damit wir bald zusammen sind. Ich hab nur Angst, daß ich durch diese bald 3 ½ Mon. Haft noch stiller geworden bin, was Du ja an mir nicht magst. Aber wenn ich es Dir auch nicht immer wieder sage, so hab ich Dich doch sehr sehr lieb u. glaube bestimmt, daß wir uns gut ergänzen u. glücklich u. zufrieden werden. Ich wünsche mir – wenigstens fürs erste – nur irgendwo mit Dir in aller Ruhe u. mit möglichst wenig Menschen zusammen zu leben u. zu arbeiten. Von Reiserei u. „Zerstreuungen" hab ich fürs erste genug. Und ob wir nun nach Pannwitz gehen oder neu anfangen müssen, über Mangel an Arbeit werden wir uns nicht zu beklagen haben. -

Neulich hab ich mal einen Plan über Deine Idee, den Hauseingang in P. nach hinten zu verlegen, gemacht. Das kann sehr nett werden. Leider hatte ich nicht die Maße von allem. Und dann steht man nicht dauernd unter Kontrolle des Hofes. Notfalls kann man dann auch zu 2 Parteien im Haus wohnen, man muß ja <u>alles</u> für die Nachkriegszeit in Betracht ziehen. -

Ich glaube kaum, daß ich Dir vor dem 1.XI. schreiben darf, aber Dr. Schaefer wird sicher berichten, was es neues gibt. Wünsche hab ich keine mehr ausser, Dich bald wieder zu sehen. Aber wenn es zu viel Schwierigkeiten oder schlechten Eindruck macht, warte noch lieber. Ich möchte nur nicht von hier aus an die Front, ohne Dich noch gesehen zu haben.

Grüß die Eltern sehr, Reginchen auch ganz besonders u. laß Dich in Gedanken sehr liebhaben von Deinem *Wilhelm*

Der vorstehende Brief wird von der Zensur bean-standet. Und so schreibt Wilhelm v. Westphalen nach-folgende, in Teilen identische kürzere Fassung – sechs Tage später -. Die Zelle ist mit insgesamt 6 Häftlingen belegt; seit September 1944 werden immer mehr Gefan-gene in Sammeltransporten nach Fort Zinna gebracht; andere - wie einer v. Westphalens Zellengenossen - an die Ostfront geschickt.

Torgau, Fort Zinna, 17.X.1944

Meine liebste Wiesa! Das war heute morgen aber eine Überraschung, als Du im Besuchszimmer warst. So schade, daß es so kurz war u. man ist dann auch im-mer zu aufgeregt, um all das in Ruhe zu besprechen, was man sich vorgenommen hat. Hauptsache, daß wir uns mal wieder gesehen haben, u. ich erwarte nun in Ruhe all die Dinge, die sich hoffentlich bald mal „ent-wickeln" werden.

Ob Du einen Rechtsanwalt fandest? Von Dr. Sch. hatte ich heute eine Karte, in der er mitteilt, daß er erst am 26. aus dem Lazarett entlassen wird u. daß er her-kommt. Den langen Brief, von dem ich Dir sprach, bekam ich von der Zensur zurück, warte also bitte nicht darauf. Ich bringe ihn später mit.

Tausend Dank für die vielen guten Sachen in dem Paket. Die Handschuhe passen wie angegossen u. halten schön warm. Sag bitte Mutter [51] meinen innigsten Dank dafür. Wurst brauchst Du aber vorläufig nicht mehr zu schicken, ich habe noch Vorrat. Aber wenn Du mal wieder Plätzchen oder Kuchen machst, wäre das sehr willkommen. Ich bin auf einmal so fürs Süsse. Aber Zucker hab ich auch noch genug.

Es ist so schwierig, einen 12 Seiten langen Brief auf 4 Seiten zu verkürzen, länger dürfen wir nun nicht mehr schreiben. - Für die Pakete dankte ich Dir ja mündlich schon. Alles kam gut an, bis auf das letzte Glas mit Leberwurst, aber der Inhalt war noch zu retten u. die Kameraden meinten, kleine Glassplitter schadeten dem Magen nicht. Und man trifft ja auch öfter Leute, die Gläser aufessen u. sich wohl dabei fühlen.

Wir sitzen nun leider wieder zu 6 auf der Zelle. Es ist nicht mehr so gemütlich, zumal mir 1 Schemel zu-

---

51 Zukünftige Schwiegermutter WW.s: Gertrud Freifrau von Spiegel, geb. Freiin von Amelunxen (1887-1957).

steht. Aber die Jungens sind recht nett u. vor allem wilde Skatspieler, sodaß Dein Spiel sehr zu Ehren kommt. Jetzt sind sie auch wieder dran, es ist 18 Uhr. Wir haben heute abend die gute Brotsuppe bekommen. Ich habe 2 Portionen gegessen. Einer mochte sie nicht.

Der Freddy ist, wie ich Dir sagte, mit ca. 180 anderen an die Ostfront gekommen. Es gab keine Verhandlung und nichts, u. es wurde ihm auch nicht gesagt, ob der Verdacht nun bestehen bliebe oder nicht. Ich hoffe, daß es mir nicht ebenso geht u. daß ich eine Verhandlung bekomme. Aber mit dem RA [52] werde ich schon ins Reine kommen u. von dem Besuch Dr. Sch. erhoffe ich sehr viel. -

Daß das Obstpaket von den Donats [53] kam, sagte ich Dir ja. Sei bitte so gut u. danke ihnen, da ich ja nicht kann. Desgleichen ruf doch bitte auch Tinte an, die mir die Sachen von Fröhlich schickte u. einen Brief, u. danke ihr. An Tt. Tully [54] konnte ich ja auch nicht schreiben zum Geburtstag, obwohl ich daran gedacht habe. Der Brief interessierte mich sehr, sie scheint ja

---

52 Rechtsanwalt.
53 Verwandte der Verlobten in Schlesien.
54 Siehe Fußn. 26.

wieder voll auf der Höhe zu sein, u. all die Ehrungen sehr genossen zu haben.

Ich hab auch schon mal Pläne vom Haus in Pannwitz gemacht. Dein Plan, den Eingang nach der anderen Seite zu legen, ist sehr gut! Unter Umständen, die ja nach dem Krieg sehr leicht eintreten können, kann das Haus dann auch von 2 Parteien bewohnt werden, ohne daß man sich sieht u. Man steht nicht dauernd unter Kontrolle des Hofes. Aber wie mag sich alles entwickeln, es ist besser, man macht sich nicht zu viele Gedanken, ob nun schon Gräben ausgeworfen werden oder nicht. -

Wenn Du in Abbenburg in meinen Sachen nachsiehst u. Du findest was, was Dir gefällt, so nimm es doch bitte mit. In dem eisernen Kabinenkoffer sind auch noch allerhand Stoffe drin.

Hattest Du mit D. Sch. über die Sachen gesprochen, die ich in Frankreich gelassen habe? Ich finde ja auch, daß ich es mir ersetzen lasse, denn die meisten anderen Leute stellen wegen jeder Kleinigkeit Ersatzansprüche, dann kann ich es auch mal tun, wenn ich auch im Grunde die Pfennigfuchserei nicht leiden kann. Aber als zukünftiger Ehemann muß man ja haushälterisch sein! Ich schicke Dir hier 2 Aufstellungen mit; für den Fall, daß meine mal in Verlust geraten sollten. Du brauchst vorerst nichts unternehmen.

Tausend Dank auch noch für die Medaille, die der Soldat mir noch brachte. Ich trage sie neben meinem Kristopherus um den Hals. Was hattest Du denn für einen wunderschönen Ring an? Er ist sehr sehr schön u. passt auch gut zu Dir. -

Wie Dein letztes Paket ankam mit den Waschbeuteln etc. fanden meine Kameraden, daß ich mal eine sehr tüchtige Frau bekommen würde; darüber war ich sehr stolz u. fand es auch. Und da ich Dich ja auch sehr sehr lieb habe, wird es mit uns auch schon klappen. Ich hab nur Sorge, daß ich durch diese „Kur" hier noch stiller geworden bin. Du mußt mir eben was zu gute halten, wenn ich mal schweigsam bin. Jedenfalls habe ich mich noch nie so wie jetzt nach einem <u>ruhigen,</u> arbeitsreichen, dabei aber netten Leben mit Dir gesehnt. Reiserei u. alle lauten Vergnügungen bin ich fürs erste gründlich leid. Später können wir dann mal wieder eine Weltreise machen.

Vorläufig mach ich die in den schönen Büchern, die

Du schicktest. Ich bin jetzt in „Columbus u. Isabel". [55]
Hier hat man endlich die richtige Ruhe zum Lesen. Ich
lese jetzt jedes Buch zweimal. Das erste Mal sehr
schnell, um die Handlung zu geniessen, das 2. Mal
sehr langsam die beschreibenden Teile. Auf diese Wei-
se hab ich viel mehr davon. Kannst Du mir bitte das
nächste Mal etwas Papier (einfaches) u. Umschläge
mitschicken?

Nun leb wohl, hoffentlich brauchst Du auf diesen
Brief nicht so lange zu warten u. bekamst den anderen
mittlerweile. Und zu Deinem Geburtstag empfange
alle meine besten Wünsche u. ich hoffe, daß es das
letzte Mal ist, wo wir ihn nicht zusammen feiern können, u. daß es zu Deinem 90. auch zu solchen Ovatio-
nen kommt wie bei Tt. Tullys. Grüß die Eltern herz-
lichst u. Reginchen. Landbauschulen für Mädels sind
in <u>Nordborchen</u> u. ich glaube in Wollbeck.

Alles alles Liebe u. Gute u. nochmals vielen Dank
für alles. Eine feste Umarmung u. einen lieben Kuß,

Dein *Wilhelm*

---

55 Elisabeth von Schmidt-Pauli: Columbus und Isabella. Der
Schicksalsweg zweier Berufenen. 1940.

Meine beste Wiesa! Ein Brief ist zwar gerade fort, aber ich will versuchen, diesen auch noch irgendwie loszuwerden, da ich eben mal meine Zähne revidiert hab: Im Oberkiefer fehlen mir 10 Zähne. Von den bleibenden 6 sind 3 reparaturbedürftig. Im Unterkiefer hab ich immer noch die nunmehr verkapselte Kiefernvereiterung, die operiert werden muß. Wenn Du Frevert [56] mal siehst, kannst Du ja mal fragen, ob ich meine Zähne nicht in Paderborn z.B. machen lassen kann. Verloren hab ich sie ja in Russland. Zu machen wär das ja wohl, wenn ich von einem Militärarzt nach Paderborn überwiesen würde. Und die Reparatur dauert mindestens 4 Wochen, die wir dann wieder gewonnen hätten.

Weitere Seiten fehlen

---

56 N.N.

Ein weiterer heimlich aus dem Gefängnis geschmuggelter Brief an die Verlobte.

28.X.44

Liebste Wiesa! Vielleicht erreicht Dich dieser Brief, den jemand mitnimmt! Gestern war Dr. Schaefer hier u. für heute oder Dienstag erwarte ich meinen ehem. Kommandanten aus D., der in Dresden wohnt u. mir schrieb, daß er mich besuchen würde. [57] Nun sind die 30 Minuten immer so schnell um; auch mit Dr. Sch wollte ich viel mehr besprechen. Sonst ist noch alles beim alten.

Vielen Dank für Deinen Brief vom 20.X. Ich antworte in meinem offiziellen Brief am 1.XI. darauf. Wenn Titta Tabak für mich geschickt hat, sag ihr bitte vielen vielen Dank u. schick mir bitte davon in einer zugemachten Conservendose. Um das Gewicht zu bekommen, tu Zucker oder Salz dazu u. schreib einen Zettel davor „Leberwurst" od. „Hühnchen".

Deine Erlebnisse auf der Rückfahrt von hier waren ja scheußlich, aermste Wiesa, u. das alles für mich. Wenn ich das nur alles mal gutmachen kann. Aber ich

---

57 Kommandant aus Douai.

will Dich sehr sehr liebhaben. - Allen viele Grüße, besonders Dir mit einer festen Umarmung von Deinem

Wilhelm

Briefauszug Faksimile
© Graf Gräfin Westphalen Paderborn

Wilhelm v. Westphalen hat sich für eine Arbeit im Gefängnis gemeldet, erhält Besuch von seinem ehemaligen Vorgesetzten, Dr. Schaefer; und auch der ehemaliger Kommandeur in Douai hat seinen Besuch in einem Brief angekündigt.

Torgau, Fort Zinna 29.X.44

Liebste Wiesa! Zunächst vielen Dank für Deinen lb. Brief vom 19.X. Du hast ja furchtbare Erlebnisse gehabt auf Deiner Heimreise. Und das alles wegen mir u. diesem dummen Brief. [58] Ich hoffe, Du bleibst jetzt zu Hause u. begibst Dich nicht mehr auf die Eisenbahn; denn so schön es ist, wenn Du ab u. zu mal kommst, die Schwierigkeiten u. Gefahren sind doch zu groß. An u. für sich können wir alle 14 Tage einmal Besuch empfangen.

Wir haben auch einen neuen Hauptmann bekommen. - Am Freitag Mittag wurde ich ganz plötzlich herausgerufen u. Dr. Schaefer stand vor mir, gesund u. lustig wie immer. Wir waren ½ Std. zusammen u. ha-

---

58 Vgl. dazu Einleitung.

ben uns viel erzählt. Er hatte erst vom OKH [59] Erlaubnis einholen müssen, um hierherzufahren. Das beengte Leben jetzt schien ihm nicht besonders zu behagen. Ich hatte mir vorgenommen, soviel mit ihm zu bereden u. zu fragen, aber das fiel mir alles erst wieder ein, als er weg war. Ich wußte auch garnicht, daß er schon einige Wochen krank in Paris gelegen hatte u. dadurch nicht nach Dijon kam. Von hier aus fuhr er nach Münster. Er wird Dir sicher schreiben u. seine Anschrift mitteilen, denn er wollte hier auch noch den Rechtsanwalt aufsuchen. Wenn Du ihm schreibst, frag doch bitte nach der Adresse von Lt. Goppel, dem ich mal schreiben wollte. Am besten die Heimatanschrift. -

Hier ist es kalt u. naß geworden, die paar Kastanien im Hof haben schon das Laub verloren u. in der Zelle wird es nicht mal mehr richtig hell. -

Ist von Theo immer noch keine Nachricht? Und was machen Titta u. Rudolf [60] da unten? Hast Du Neues von Abbenburg gehört? Ausser Deiner Post hab ich nichts bekommen. Zeitungen kamen auch 2x, aber der letzte Wehrmachtsbericht, den ich gelesen hab, ist vom

59 Oberkommando des Heeres.
60 Rudolf Graf von Westphalen (1910-2002), Bruder WW.s; war an der Ostfront und in Ungarn eingesetzt.

18.X. Mittlerweile sind wieder neue Ereignisse. Wann wir die neuen Waffen wohl einsetzen? [61]

Was macht Dein Kriegseinsatz? Bist Du sehr fleissig? - Von dem Mann, der meinen Posten in Montreau übernommen hatte, war Dr. Sch. auch nur bekannt, daß er rausgekommen sei. Aber meine Sachen sind wohl alle dageblieben. Das Haus gehörte der Zeche u. da ich mit den Dienstboten sehr gut stand, ist ja möglich, daß sie mir den Kram aufheben bis nach dem Krieg. Die Douaier Sachen sind jedenfalls bei Frau Danant. -

Zum Französisch u. Englisch lernen kommen wir garnicht mehr, da zu so vielem keine Ruhe ist. 4 Stunden am Tag spiele ich Karten u. wenn Du noch ein Kartenspiel auftreiben kannst, schick es bitte. Die alten sind schon etwas abgespielt. „Mensch ärgere Dich nicht" ist aus der Mode gekommen.

Ich hab mich zur Arbeit gemeldet, damit man an die Luft kommt u. nicht ganz steif wird. Hände hab wie wie ein Pfarrer! - Ich hab mich übrigens an den Kautabak gewöhnt, besonders wenn man nichts zu rauchen hat, ist er sehr angenehm u. sicher auch ge-

---

61 Gemeint: V1- und V2-Waffen.

sund für den Magen. -

Du schriebst von dem Mittag in Wehrden. Nein, Philipp seine Frau kenne ich nicht. Ist es eine Westerholt vom Annaberg? Und Onkel Guido mußte zur Musterung? Hat man ihn denn noch für tauglich befunden? Was machen eigentlich der Onkel u. die Vettern Haxthausen in Thienhausen? [62] Wie sind denn die neuen Hausbewohner? Habt ihr sie aussuchen können? [63] -

Deine strengen Ermahnungen von wegen meiner Gesundheit habe ich mir zu Herzen genommen u. werde mich völlig renovieren lassen. Zuerst kommen die Zähne, dann der Ischias u. was sonst noch alles marode ist. Jetzt hab ich ja auch Geduld gelernt. Sicher war es auch ganz schön, wenn niemand einem was sagte u. man tun u. lassen konnte, was man wollte. Aber diese Freiheiten will ich Dir zu Liebe ja aus freien Stücken aufgeben. Und es ist ja auch Unsinn, wenn man aus eigener Schuld mit 50 Jahren als alter Mann herumläuft – zumal die Männer mit jedem Tag knap-

---

62 Thienhausen – nahe Steinheim/Westfalen war ein Gut (Stiftung) der Familie von Haxthausen.
63 Im Elternhaus von WW.s Verlobter – Helmern - untergebrachte Kriegsflüchtlinge.

per werden. Lebwohl für heute. Es wird zu dunkel. -
Wir müssen den Brief ganz schnell abgeben.

Für Dienstag erwarte ich den Besuch meines ehem.
Kommandeurs aus Douai. Er ist jetzt Professor an der
Hochschule in Dresden. In D. hatte ich mich ja öfter
mit ihm in den Haaren, aber nur weil er so kleinlich
ist, im übrigen ist er sehr nett u. er schrieb mir hierher
auch einen rührenden Brief. Mal sehen, was er Neues
bringt u. war er für mich tun kann. -

Eben kam Dein Expresspaket an, tausend Dank.
Die Himbeermarmelade ist köstlich u. erst das Back-
obst, das werd ich einweichen u. in die Brotsuppe tun.
Ein Brief war leider nicht drin, oder hab ich ihn nicht
gefunden? Die Bonbons haben sehr gut geschmeckt,
aber sind sicher nicht das Richtige für meine Zähne.
Oder meinst Du, da wäre doch nichts mehr dran zu
retten? Hast Du denn Deinen Empfangsschnaps schon
ausgetrunken? Ich glaube, ich hab noch 1 Fl. guten Cognak in Abbenburg stehen. Wenn ich die aber jetzt –
nachdem ich so lange entwöhnt bin – auf einmal aus-
trinken würde, würde ich bestimmt keine dummen
Briefe mehr schreiben.

Ich hab übrigens dem Baumbach [64] geschrieben, aber ob er den Brief bekommt, ist ungewiss. Aber wie klein die Welt ist: Der Vater Baumbachs war im Weltkrieg der Kommandeur meines hiesigen Rechtsanwalts. Und nach ein 2. Fall: Wir sind doch zu 2. auf der Zelle aus Douai: Jetzt ist ein Mann von der Kriegsmarine bei uns, der voriges Jahr ein belg. Mädchen geheiratet hat, die ausgerechnet in Douai geboren ist. Sie besucht ihn alle 14 Tage, da sie nicht sehr weit wohnt.

Ich muß jetzt noch meine Wäsche einweichen, u. gegen Abend wasche ich dann. Es wird bestimmt ganz gut, aber denk bitte im nächsten Paket an 2-3 weiße Krägen. -

Und wenn mal was eiliges oder besonderes ist, kannst Du mich sicher durch den Rechtsanwalt verständigen lassen. Ich weiß allerdings seine Telephonnummer nicht mehr.- -

Lebwohl für heute meine liebste Wiesa, nimm Dich vor den Bomben etc. in Acht! Grüß die Eltern u. Reginchen sehr u. laß Dich umarmen u. liebhaben von Deinem *Wilhelm*

---

64 Vgl. Fußnote 16.

Westphalens ehemaliger Kommandeur sagt bei seinem Besuch in Torgau Unterstützung im Gerichtsverfahren zu, und auch der Rechtsanwalt besucht seinen Mandaten im Gefängnis.

Torgau,1.XI.44

Liebste Wiesa! Ich bin heute Abend so froh u. voll Zuversicht, daß ich Dir noch schnell schreiben will. In meinem eintönigen Dasein ist so unerhört viel passiert seit gestern Morgen:

Als erstes wurde ich gestern auf das Geschäftszimmer gerufen u. gefragt, ob ich arbeiten wolle. Ich helfe jetzt dem Fourier den ganzen Tag, schneide auf der Maschine alle möglichen Leisten etc. Morgens geben wir Seife aus an die Gefangenen, was viel Arbeit gibt. Ich bin so froh, eine Beschäftigung zu haben u. gebe mir auch alle Mühe, um den Posten zu behalten. Als Kostüm hab ich einen weißen Drillichanzug, aber mit Schlips u. Kragen.

Gestern Nachmittag mußte ich ins Besuchszimmer, wo mein alter Kommandeur aus Douai seit 2 Stunden wartete. Er hatte von Dresden aus eine furchtbar umständliche Reise gehabt, brachte mir auch Plätzchen u. Aepfel mit u. war furchtbar nett. Wir sprachen ca. ¾ Std. zusammen u. nachher sprach er noch mit dem Kp.Chef. [65] Von Dresden aus will er noch eine Beurteilung über u. für mich ans Gericht senden. Ich hab ihm versprochen, falls ich in absehbarer Zeit nicht selbst schreiben könne, würde ich Dich bitten, ihm mal Nachricht zu geben. Er fand es, da er ja Professor an der Hochschule ist – viel schrecklicher als ich selbst, mich in diesem Bau zu sehen u. konnte nicht begreifen, daß ich so vergnügt war. -

Heute, ich war wieder den ganzen Tag am Arbeiten, kam dann noch der nette Rechtsanwalt mit einem langen Brief, besser Vernehmungsbericht von Dr. Schaefer aus Thorn in Westpreußen. Wie er dahin gekommen ist, weiß ich nicht. Der R.A. will Dir den Bericht auch schicken. Danach hat er jedenfalls in Leipzig mit dem zuständigen Richter gesprochen, dem wir nunmehr unterstehen u. schreibt, daß ich wohl in Kürze zu meinem Truppenteil in Dortmund entlassen würde. Ich bin so froh darüber, wenn ich auch annehme, daß es noch eine Zeitlang dauern wird, bis

---

65 WW.s Kompaniechef in Torgau.

alles soweit ist. -

Und als letzte Überraschung kam dann noch heute Dein lieber Brief vom 26.10., der ja sehr schnell gelaufen ist. Ich hoffe, daß Du aber nun auch Post von mir bekommen hast; hier dauert es manchmal etwas lange, bis alles zensiert ist. -

Daß Mechthild [66] endlich aus Münster raus ist, freut mich. Etwas sicherer ist es doch wohl noch auf dem Land. Wie schön, daß Du endlich Dein Fahrrad bekommst? Du hast mir nie über Huberta [67] gesprochen oder geschrieben. Wie findest Du sie? Was hat denn Onkel Conrad wieder alles gedreht, damit die beiden Cousinen dort in Arbeit kommen!

Für die Bücher übrigens vielen Dank. Ich will mich auch bemühen, nicht alles zu glauben, was drin steht! - Hier regnet es seit einigen Tagen in Strömen, aber das muß ja auch mal sein u. dann gehen Deine Steckrüben leichter aus! Wegen mir brauchst Du aber nicht lernen, wie Sauerkraut eingemacht wird. Es soll ja gut für den

---

66 Mechthild Gräfin Ansembourg (1920-2003), jüngste Schwester von WW.
67 Huberta Gräfin Westphalen, geb. Freiin von Schele (1917-2005), Ehefrau von WW.s Bruder Hermenegild – siehe Fußn. 6 und 42.

Magen sein, aber mein Magen ist auch so noch ganz gut. -

Hoffentlich kannst Du alles lesen u. hoffentlich ist Papier unterwegs. Etwas Tabak kannst Du auch schicken. Er wird mir ja abgenommen, aber dann hab ich was, wenn ich rauskomme. Lebwohl für heute, grüss die Eltern, (...) Rheder,[68] Wistinghausen u. Abbenburg sehr von mir u. laß Dich liebhaben u. umarmen von Deinem alten *Wilhelm*

---

68 Schloss Rheder – Besitz von Adolf v. Spiegel (1875-1956) – dem Onkel von WW.s Verlobter Aloysia.

Meine liebste Wiesa! Schnell noch ein paar Worte, ehe ein Kamerad fortgeht. Es wurde wieder ein Transport an die Front zusammengestellt, ich bin aber nicht dabei! Am Samstag war der nette alte Rechtsanwalt bei mir, ca. ½ Std. Machen kann er im Moment auch nichts, schreibt aber an Dr. Sch., daß dieser ihn auch besuchen soll.

Sonst ist nichts Neues passiert. Ein Tag wie der andere. Es ist allerdings kälter geworden, aber ich friere bestimmt nicht. Eben hab ich gegen ein Stück Wurst einen Drillichanzug getauscht, sodaß ich mich nun zur Arbeit melden kann. Denn in Civil wurde es verboten.

Daß anliegender, veralteter Brief vom Hauptmann nicht angenommen wurde, schrieb ich Dir ja. Auch den von Tt. Tully schick ich Dir zurück, falls Du ihn aufhebst.

Wie geht es Dir u. allen in Helmern? Ich denke stündlich an Dich u. würde so gern für Dich die Möhren aus der Erde ziehen. Ich muß enden, da die andern losgehen. Die Transporte kommen immer zu einer SS Division, die in Warschau kämpft.

Laß Dich sehr liebhaben von Deinem *Wilhelm*

Den Eltern (…) viele viele Grüße (…)

Ich war auch beim Arzt wegen der Ehebescheini-
gung.

Wilhelm v. Westphalen ist zuversichtlich, bald aus der Haft entlassen zu werden. Zugleich ist er in Zelle 75, 7. Kompanie 0743/44 umgezogen, in der Gefangene, sog. „Kalfaktoren" untergebracht wurden, die mit Hausarbeit und Essensausgabe beschäftigt sind.

Den 10. November 44

Liebste Wiesa! Ich hoffe, Du hast nun endlich Post bekommen u. bist nicht mehr betrübt. Ich bekam am 6.XI. 2 Briefe u. gestern das Brot, für beides vielen vielen Dank. Ich hatte ja auch im Stillen schon gehofft, diese Woche entlassen zu werden, aber es geht wohl nicht so schnell über alle Instanzen. Aber eines Tages wird es ja soweit sein, nur wenn man drauf wartet, ist es doch noch schmerzlicher als sonst -

Daß Dr. Sch. noch in Helmern war, war ja sehr nett. Inzwischen wirst Du auch vom Rechtsanwalt das Protokoll bekommen haben. Morgen ist Samstag u. eigentlich der Tag, an dem er mich besucht, hoffentlich kommt er morgen. -

Ich arbeite aber nicht draussen, sondern beim Fourier, das ist der Mann, der für Verpflegung etc. sorgt.

Es ist ganz unterhaltend u. zehnmal besser als zu 6 Mann in der kleinen Zelle. Immer kann man ja nicht Kartenspielen u. auf die Dauer wird man sich recht leid. Leider ist der alte Fourier seit 3 Tagen versetzt u. ich weiß noch nicht, wie es wird.

Einigemale hab ich auch Pakete abgeholt u. sah eines dabei mit Zettel „Peckelsheim", worauf ich mich leider zu früh freute, denn das Paket kam aus Fölsen und war für einen Leidensgenossen bestimmt. Ivh hab aber keine Bekanntschaft angeknüpft. -

Habt Ihr Nachrichten von Theo? Und was macht Rudolf u. Abbenburg? Ich hoffe ja auch, daß wir bald mal zusammen hinkönnen; hoffentlich halte ich die Radfahrerei aus nach diesem Faulenzerleben hier. Onkel Conrad ist ja fabelhaft unternehmend, jetzt im Winter noch solche Touren zu machen. Hatte er sich von seinem Kriegshilfsdienst beurlauben lassen oder einfach blau gemacht? -

Wie sind denn dies Jahr die Jagden? Gibt es ziemlich Hasen? Füchse kommen ja meist von selbst. Aber an Schützen wird es bestimmt mangeln. Wie gern würd ich mal wieder eine nette Treibjagd mitmachen, hier die Lausejagd ist ja kein vollgültiger Ersatz dafür.

Übrigens sollen wir morgen entlaust werden. Das beste daran ist immer das Baden nachher. Hoffentlich ist es für mich nun das letzte Mal. Ich bin so ungeduldig u. nachts im Traum fahre ich schon Eisenbahn oder laufe zu Fuß von Willebadessen über den Berg. [69]

Hoffentlich bekomme ich in D. nun Urlaub oder wenigstens Zahnurlaub. Manchmal hab ich ziemliche Schmerzen an den „Restbeständen".

Heute ist schon der 12. November. Ich bin umgezogen zu den „Kalfaktoren". So nennen sich die Gefangenen, die das Essen, Kaffee etc. in die Zellen bringen u. Hausarbeit machen. Ich habe mir eine Tragbahre beschafft, die ich abends aufstelle u. darauf herrlich schlafe. In den Holzwollsäcken ist nämlich ziemliches Ungeziefer. Arbeit hab ich nun genug, aber die Zeit vergeht wenigstens schnell. Meine Kameraden sind ein Wiener, 1 Berliner, ein Leipziger, alles nette Kerls, ich bin der älteste von der Stube. Diese erste Nacht hab ich geträumt, ich hätte ein Kamel auf einer Treibjagd geschossen u. Kleo hätte mich furchtbar ausgeschimpft deswegen. [70] Leider haben wir keinen Traumdeuter

---

69 Bahnstation Willebadessen zwischen Altenbeken und Warburg.
70 Kleo Baron von Kanne (1890-1969) lebte in Abbenburg als

unter uns . -

Heute Mittag gab es Pflaumenkompott aus Dörr-
pflaumen. War sehr gut. Und draussen war ein so
herrliches Wetter. Wie schön muß es jetzt im Wald
sein, nur gut, daß man nicht allzuviel zum Nachden-
ken kommt.

Der Rechtsanwalt war übrigens heute nicht hier,
vielleicht hat er sich erkältet, denn er hat jedesmal
einen Weg von ½ Stunde zu machen. Er ist aber ein
sehr netter alter Mann, ob er ein grosser Jurist ist, weiß
ich nicht. -

Was machst Du eigentlich so den ganzen Tag?
Fängst Du so früh an wie Reginchen? Und trägst Du
auch Hosen? Ich mag Frauen in Hosen eigentlich ganz
gern, nur stecken sie immer die Hände bis an die
Ellenbogen in die Taschen.

Ich lese jetzt ein recht interessantes Buch, aus dem
Holländischen übersetzt „Dr. Vlimmen". Ein Tierarzt
in einer über-katholischen Gegend, der seine Ehe
durch Rom nichtig erklären lassen will. Die kathol.
Kirche kommt sehr schlecht weg dabei. Aber sehr viel
komme ich garnicht zum Lesen, höchstens abends eine

Forstverwalter.

Stunde. -

Morgen ist wieder Waschtag, ich habe keine Hemden u. Taschentücher mehr. Im nächsten Paket werden wohl die Kragen sein, denn ich hab ja nur einen, den ich jeden Abend blütenweiss wasche. Es wird eine ganze Zeitlang dauern – wenn ich raus komme – bis ich mich ins normale Leben zurückfinde. Ich werde mich jedenfalls <u>bemühen</u> alle schlechten Angewohnheiten zu verlernen, u. Du mußt mir dabei helfen. Lass Dich für heute sehr, sehr liebhaben u. umarmen, grüß die Eltern u. Reginchen vielmals u. schreib bald

Deinem guten *Wilhelm*

Ich bin jetzt 7. Kompanie, nicht mehr 7b.

Liebste Wiesa! Gestern kam Dein lieber Brief v. 9.XI. Vielen Dank dafür. Glücklicherweise gehen Deine Briefe etwas schneller wie meine, aber dafür dauern die Pakete jetzt endlos. Das mit den Kragen, Briefpapier u. Kuchen ist noch nicht angekommen. Aber ich hoffe ja auch, daß ich es nicht mehr brauche.

Gestern hab ich an den Rechtsanwalt geschrieben, er möge mal kommen u. vor allem mal nach Leipzig fahren ans Gericht, um festzustellen, woran es liegt, daß ich noch nicht raus komme. Ich hatte ja so auf den 13.11. gehofft, denn am 13. passiert bei mir meistens was; aber diesmal garnichts.

Du staunst sicher, daß ich mit Tinte schreibe, aber ich sitze in meinem „Dienstzimmer" und beaufsichtige einen Russen, der Stiefel putzt, die wir morgen abgeben müssen. Der arme Kerl hat mir eben auch sein Leid geklagt. Er ist hinter dem Ural zu Hause u. langweilt sich hier tödlich. Die Stiefel putzt er mit grossem Eifer mit Spucke.-

Vielen Dank für den Zeitungsausschnitt über die Bomben auf Münster, mit den Worten von Schaefer.

Das Geschreibsel ist typisch für ihn, kannst Du denn schon seine Klaue lesen? - Wenn er noch etwas in Bielefeld bleibt, werde ich ihn ja auch noch sehen können u. wenn er zu unserer Hochzeit käme, wäre das herrlich.

Ja, unsere Hochzeitsreise werden wir wohl etwas aufschieben müssen nach dem Motto: Erst siegen, dann reisen. Dafür gehen wir auf die Jagd. Nur nicht zuviel Besuche machen! Und wenn man mich in das Doppelzimmer mit den Flüchtlingen legt, das macht doch nichts. Ich brauche doch kein Bett. Ich hab sogar ein wenig Angst auf das Experiment mit dem Bett, denn man hat mir erzählt, für Ischias wäre es nicht gut, in weichen Betten zu schlafen u. besonders Daunen seien sehr schlecht. -

Macht Reginchen denn eigentlich die Jagden nicht mit in Rheder? Daß O. Conrad alles vorbeischoß, ist ja bedauerlich, aber ich habe nie geglaubt, daß er ein grosser Schütze ist. Wenn ich komme, muß ich auch einen Jagdschein haben. Sag oder schreib doch bitte Kleo, daß er mir einen ausstellen läßt, einen Jahresjagdschein. Versicherung hab ich bereits als Wehrmachtjagdscheininhaber durch die Kreissparkasse

Vörden bezahlt u. ein Photo wird sich wohl irgendwo in Abbenburg finden. Denn wenn ich ihn erst im Urlaub beantragen muß, verliere ich soviel Zeit.-

Dass Vater Schaefer Dir sogar schrieb, finde ich rührend. Ich kenne ihn nur von Briefen, aber er muß sehr amüsant u. lustig u. vor allem noch sehr unternehmend sein.

So, jetzt hab ich zu Abend gegessen. Es gab Harzer Kaese, den ich früher nie mochte, aber jetzt schmeckt er mir ausgezeichnet. Ich hab mich weiter gut rausgefüttert. Vor einigen Tagen rief mich jemand, der meinen Namen nicht wußte: Dicker! Vor der Hochzeit muß ich 2 Tage fasten, um die Weste zumachen zu können. Der Magen hat sich durch die viele flüssige Nahrung vollkommen ausgeweitet. -

Und Du Armes mußt nun täglich im Dreck stehen bei der Kälte u. Nässe. Ich würde Dich ja so gerne ablösen, oder Dich wenigstens abends aufwärmen. -

Ich will noch etwas Platz lassen bis zum 19.XI. Eher können wir keine Briefe abgeben, u. dann erst wieder am 6.XII. Schlaf gut u. träum was Schönes. Ich lege mich jetzt auch auf meine Krankenbahre, die nur den einen Nachteil hat, daß man sich nicht krumm machen

u. die Knie anziehen kann. -

Samstag, den 19. Gestern kamen 2 Briefe vom 13. u. 14. u. das Paket mit dem Brot. Hab tausend Dank für alles. Der Brief von dem Paket geht noch erst durch die Zensur. Gefreut habe ich mich, daß Baumbach auf eine Mine gelaufen ist. So hat er doch wenigstens eine kleine Buße für den unglückseligen Brief bekommen.

Gestern war dann auch noch mein Rechtsanwalt hier u. frug nach der Adresse von Dr. Teuscher. Er hatte den Brief von Schaefer zur Weitergabe bekommen. Neues wußte er auch nicht, hat furchtbar viel zu tun. - Wie nett, daß Schaefer noch mal zu Dir kam. Sein Erlebnis mit Jupp ist ja köstlich. Die Adresse von Schwester Friedel weiß ich auch nicht mehr, aber er soll mal an Schwester Ria Siehoff-Bensing schreiben, die wohnt in Vreden Krs. Ahaus/Westfl./Kornbrennerei u. die wird sie wohl wissen. Das liegt zwar direkt an der holländischen Grenze. Sie ist vielleicht evakuiert. [71]

Ich muß immer an den Roman „Vom Winde verweht" denken, der ja in den Südstaaten Amerikas spielt, u. unser augenblickliches Leben damit verglei-

---

71 Alle Genannten N.N.

chen, aber ich denke doch, dass nicht alle Bekannten für immer" verweht" sind u. ich sie nochmal wiedersehe u. Du sie kennen lernst. -

Wenn in Brakel ein guter Zahnarzt ist, kann ich ja noch viel besser zu dem gehen; wenn ich erst mal trainiert bin, kann ich das per Rad ja gut schaffen. Meine Backe ist wieder sehr geschwollen u. außerdem bin ich tüchtig erkältet. Hoffentlich entwickelt sich nicht die bei mir 2x jährlich obligate Stirnhöhlenentzündung daraus, denn hier gibt es keine Bestrahlungen etc.

Bezüglich Hille u. Emma bin ich ganz Deiner Meinung. Die aeltere geht ja noch, aber Emma kann ich nicht riechen. Ein dummes, eingebildetes, hässliches u. verwöhntes Biest. Aber der Vater ist ja ganz vernarrt in dieses Wunderkind. [72]

Gestern Nachmittag u. Abend habe ich Strümpfe gestopft, ganz fachmännisch u. mit viel Geduld. Wenn wir zusammen sind, mußt Du mir das Stricken beibringen, damit ich Beschäftigung habe, falls ich nochmals in eine solche Lage komme.

Eben wird bekanntgegeben, daß wir nur Pakete bis 1 kg. empfangen dürfen. Also ist es mit dem schönen

---

72 N.N.

Brot aus. Am vorteilhaftesten zu schicken sind Zwiebäcke!

Lebwohl Liebstes, bis zum 6.XII. Oder wenn ich raus komme. Grüss alle sehr von mir u. laß Dich umarmen von Deinem alten *Wilhelm*

Anfang Dezember wird Wilhelm v. Westphalen in Zelle 114, 7. Kompanie Nr. 9743/44 verlegt und wartet hoffnungsfroh auf seine baldige Entlassung aus dem Torgauer Gefängnis.

Torgau, Fort Zinna den 6. Dezember

Meine liebste Wiesa! Vielen Dank für Deine beiden Briefe vom 22.XI. Du schreibst darin aber garnichts von Vaters Krankheit, und nun kam letzten Samstag der Rechtsanwalt u. sagte mir, daß Du telephoniert habest, daß Vater sehr krank sei. [73] Ich hoffe sehr, daß es schon wieder besser geht u. daß ich bald Nachricht von Dir hab. Daß ich in Kürze bei Dir sein kann, die Hoffnung hab ich fast aufgegeben. Morgen werden es schon 14 Tage, da kam Ihlow [74] des Mittags freudestrahlend an u. hatte gerade ein Telephonat von Mü. bekommen, wonach ich am nächsten Tag entlassen werden solle. Ich hab dann sofort angefangen, meine Sachen zu säubern u. zu packen u. seitdem leider

---

73 WW.s zukünftiger Schwiegervater Joseph v. Spiegel musste in das Warburger Krankenhaus eingeliefert werden.

74 WW.s Rechtsanwalt in Torgau.

vergebens gewartet.

Meine Arbeit hab ich noch behalten, sodaß die Zeit einigermassen um geht. Leider ist die Verpflegung wieder weniger geworden, aber das wird wohl allgemein so sein. - Von Dr. Teuscher [75] hatte ich noch einen sehr netten Brief, daß er meine Beurteilung nach L. geschickt habe u. sich selbst als Zeuge bereit halte. -

Von dem „Papier", daß bei meinen Akten fehlte, erzählte mir Ihlow. Ich finde es lächerlich zumal deshalb, weil es in Pe. ausgestellt ist. Aber was will man machen! Hörtest Du noch von Dr. Schaefer?

Ich bekam einen 2. Brief von Baumbach, der mit seinem Leutnant die Divisionsfahne nach Dresden überführt hatte, u. sich nun Dresden ansah. Er fühlt sich bei dieser kriegerischen Tätigkeit sehr wohl. -

Da meine Halbschuh wieder kaputt waren, hab ich mir gestern ein Paar Schuhe geben lassen, oben Leder u. unten eine dicke Holzsohle. Sie sind ja sehr schön warm u. nasse Füsse bekomme ich auch nicht mehr, aber die Füsse brennen so u. ich versteh nicht, wie die Mädchen in so hohen Holzlatschen, die sie ja in den

---

75 WW.s ehemaliger Kommandant, zur Zeit des Briefes Professor in Dresden.

Städten überall tragen, laufen können.

Deine beiden Kragenpakete sind noch nicht angekommen u. werden wohl verschütt sein. - Gerade ist Fliegeralarm. Unsere Kompanie darf aber nicht in den Keller, u. so lange keine Bomben fallen, ist es ja auch angenehmer, oben zu bleiben.

Schreib mir doch bitte, an welcher Bahnlinie Eisen liegt; falls ich keinen Zug nach Willebadessen finde, komme ich dann dahin. Wäre es nur erst soweit! -

Deinen Rat mit Abbenburg werde ich befolgen. Ich hab auch nur einmal an Kleo geschrieben u. zwar mit voller Absicht. Ich kenne ihn ja genau. Aber deshalb ist er weiter nicht böse u. den Jagdschein wird er wohl besorgen. Sonst schießt ja niemand die Füchse.

Es ist so eine Lauferei in unserer Stube, daß man nicht in Ruhe schreiben kann. Und gleich müssen wir die Post schon abgeben. - Ich hoffe sehr, daß dies mein letzter Brief aus Torgau ist, aber wenn ich noch nicht da bin, schick mir bitte doch noch etwas Brot. Sonst brauch ich nichts. Und wenn ich Weihnachten hier feiern muß, bitte einen Tannenzweig u. 1 Kerzenstummel. Heute ist ja schon Nikolaus, das war für uns Kinder immer ein grosses Fest. Was wirst Du wohl machen heute u. wie mag es nur Vater gehen? Ich denke soviel an ihn. Er ist es doch garnicht gewöhnt zu liegen. Ich wünsche ihm von Herzen gute Besserung.

Laß Du Dich sehr sehr liebhaben von Deinem alten *Wilhelm*, der Dich hoffentlich bald in seine Arme nehmen kann.

Am 10. Dezember 1944 wurde Wilhelm Graf von Westphalen aus der monatelangen Untersuchungshaft ohne Anklage vor dem Reichskriegsgericht in Torgau entlassen. Seinen Dienst in der Bielefelder Kraftfahr-Ersatz-Ausbildungs-Abteilung 6 trat v. Westphalen zunächst an, kehrte nach einem Urlaub aber nicht mehr zurück. In den Auflösungswirren der letzten Kriegsmonate und nach der Hochzeit mit Aloysia von Spiegel im Januar 1945 stellte ihn sein Schwiegervater Joseph von Spiegel auf dem Rittergut Helmern als „Koch" ein.

Westphalen'sche Beiträge

herausgegeben von Gerlinde Gräfin von Westphalen
und Raban Graf von Westphalen

Band 1:
Zwei Frauen aus Helmern: Die Malerin Wisa Gräfin von Westphalen und die Äbtissin Benedicta Freiin von Spiegel-Peckelsheim OSB. 2. veränderte Auflage Paderborn 2019 – *vergriffen* -

Band 2:
Raban Graf von Westphalen: „Tue was Du tun musst – komme was da wolle". Ein Beitrag zur Familiengeschichte der Grafen von Westphalen. Paderborn 2020 (*Selbstverlag, 12, - zzgl. Versand*) *

Band 3:
Wilhelm Graf von Westphalen: In diesem Käfig sitzen wir nun zu fünft. Briefe aus dem Wehrmachtgefängnis Fort Zinna/Torgau 1944. Herausgegeben von Gerlinde Gräfin von Westphalen u. Raban Graf von Westphalen. BoD Norderstedt 2023 (10,00 € zzgl. Versand) *

Weitere Veröffentlichungen der Herausgeber:

Gerlinde Gräfin von Westphalen: Lady Abbess. Benedicta von Spiegel – Politische Ordensfrau in der NS-Zeit. Münster, 2. Aufl. 2023.
Dies.: Die letzte Fürstin - Anna Luise von Schwarzburg. Jena, 5. Aufl., 2012.
Raban Graf von Westphalen (Hg.): Philipp von Boeselager – Mein Weg zum 20. Juli 1944. Norderstedt 2022. *
Ders. (Hg.): Der Siebenjährige Krieg in Europa und im Hochstift Paderborn. Norderstedt 2023. *

* zu beziehen über die Verfasser/Herausgeber